Worpswede und das Teufelsmoor

Worpswede und das Teufelsmoor

Text: Anna Brenken
Fotografie: Fritz Dressler
Chronik: Helmut Stelljes

Ellert & Richter Verlag

Anmerkungen

1 Paula Modersohn-Becker in Briefen und Tagebüchern, hrsg. von Günter Busch und Liselotte von Reinken, S. Fischer Verlag, Frankfurt/M. 1979, S. 434
2 Otto Modersohn: Tagebuch (zitiert nach H.-Chr. Kirsch: Worpswede, Verlag C. Bertelsmann, S. 36)
3 Carl Sieber: Rilke und Worpswede, Stader Archiv 1941, S. 57
4 Rainer Maria Rilke: Tagebücher aus der Frühzeit, Frankfurt/M. 1973, S. 203
5 R. M. Rilke: Worpswede (zitiert nach H.-Chr. Kirsch: Worpswede, S. 54)
6 Otto Modersohn: Tagebuch (a. a. O., S. 59)
7 Paula Modersohn-Becker in Briefen und Tagebüchern, a. a. O., S. 231
8 Ebd., S. 102
9 Ebd., S. 101
10 Paula Modersohn-Becker: Ein Buch der Freundschaft, Fischerhude 1982, S. 48
11 Paula Modersohn-Becker in Briefen und Tagebüchern, a. a. O., S. 149
12 Zitiert nach H.-Chr. Kirsch, Worpswede, S. 89
13 Paula Modersohn-Becker in Briefen und Tagebüchern, a. a. O., S. 101
14 Heinrich Vogeler: Erinnerungen, hrsg. von Erich Weinert, Rütten u. Löning Verlag, Berlin 1952, S. 149
15 Rainer Maria Rilke: Tagebücher aus der Frühzeit, a. a. O., S. 198
16 Paula Modersohn-Becker in Briefen und Tagebüchern, a. a. O., S. 309
17 Paul Madsack: Der Schwarze Magier, Bad Rothenfeld 1924, ohne Seite
18 Katalog Bernhard Hoetger, Bremen 1964, Böttcherstraße, S. 123
19 Katalog Richard Oelze, Berlin 1987, Akademie der Künste, S. 104
20 Ebd., S. 9
21 Gustav Schenk: Gesichter aus Worpswede, S. 58
22 Ebd.
23 Michael Töteberg, in: Deutsches Allgemeines Sonntagsblatt, 5. Mai 1988
24 Hans-Jürgen Heise, in: Süddeutsche Zeitung Nr. 150 vom 2. Juli 1988
25 Johannes Schenk, „Hereinspaziert" (Auszug), in: Natascha Ungeheuer, a. a. O., S. 1

Verwendete Literatur

Fischer, Lili u. Jappe, Georg: Teufelsmoor persönlich, Schriftenreihe der Barkenhoff-Stiftung, Worpswede, 1983

Hoetger, Bernhard: Katalog, Große Kunstschau Worpswede, 1982

Hundt, Walter: Bei Heinrich Vogeler in Worpswede, Schriftenreihe der Barkenhoff-Stiftung, 1981

Kirsch, Hans-Christian: Worpswede. Die Geschichte einer deutschen Künstlerkolonie, C. Bertelsmann, München 1987

Modersohn-Becker, Paula: Katalog Bremer Kunsthalle, 1976

Modersohn-Becker, Paula: Katalog Hamburger Kunstverein, 1976

Oelze, Richard: Katalog, Akademie der Künste, Berlin 1987

Paula Modersohn-Becker in Briefen und Tagebüchern, hrsg. von Günter Busch und Liselotte von Reinken, S. Fischer Verlag, Frankfurt/M. 1979

Pettit, Richard: Rainer Maria Rilke in und nach Worpswede, Worpsweder Verlag 1983

Petzet, Heinrich: Das Bild des Dichters, Frankfurt/M. 1976

Rilke, Rainer Maria: Gesammelte Gedichte, Insel Verlag, 1962

Schenk, Gustav: Gesichter aus Worpswede, Wünschmann, Bremen 1953

Schenk, Johannes: Bis zur Abfahrt des Postdampfers. Gedichte, Deutsche Verlags-Anstalt, Stuttgart 1988

Steenfatt, Margret: Ich, Paula, Beltz u. Gelberg, Weinheim 1986

Stelljes, Helmut: Worpswede entdecken und erleben. Menschen, Landschaft, Kunst, Verlag M. Simmering, Lilienthal 1989

Stelljes, Helmut (Hrsg.): Worpsweder Almanach. Dichtung, Erzählung, Dokumente, Carl Schünemann Verlag, Bremen 1989

Stelljes, Helmut (Hrsg.): Otto Tetjus Tügel. Es drängt mich zum Wort. Texte und Bilder, Carl Schünemann Verlag, Bremen 1992

Stelljes, Helmut (Hrsg.): Kulturzeichen. Worpsweder Vorträge, Verlag M. Simmering, Lilienthal 1993

Stelljes, Helmut (Hrsg.): Karl Jakob Hirsch: Der alte Doktor. Eine Worpsweder Ärztin und ihre Zeit, Verlag H. M. Hauschild, Bremen 1994

Stelljes, Helmut (Hrsg.): Karl Jakob Hirsch „Einer muß es ja tun". VDG Weimar 2003

Ungeheuer, Natascha: Katalog Kunstamt Kreuzberg, Ararat Verlag, Berlin 1985

Vogeler, Heinrich: DIR, Gedichte, Insel Verlag, Frankfurt/M. 1973

Vogeler, Heinrich: Erinnerungen, hrsg. von Erich Weinert, Rütten u. Löning Verlag, Berlin 1952

Vogeler, Heinrich: Katalog Neue Gesellschaft für Bildende Kunst, Berlin 1983

Weltge-Wortmann, Sigrid: Die ersten Maler in Worpswede, Worpsweder Verlag, 1979

Wietek, Gehard: Die Worpsweder Fotografien des Malers Georg Tappert, Worpsweder Verlag 1980

INHALT

7
„Die Natur ist unsere Lehrerin“
10
Vorzeit Moorzeit
12
Zeit der Glorie
14
Drei Künstlerinnen
25
Heinrich Vogeler und der Barkenhoff
28
Rilke in Worpswede
31
Auflösung
49
Der rote Hof
53
Haus im Schluh
54
Wer's mag, mag's mögen: Hoetger
65
Größenwahn und Kleinmut
66
Richard Oelze
68
Komposthaufen für Künstler
70
Väter und Söhne
72
Kunstförderung heute
89
Chronik
96
Impressum

„DIE NATUR IST UNSERE LEHRERIN“

Selten ist der Beginn von etwas Neuem in der Kunst so genau auf den Tag zu bestimmen wie bei Worpswede. Daß das Dorf am Rande des Teufelsmoors 1889 Künstlerkolonie wurde, hing von der berühmten Kette von Zufällen ab, die sich im nachhinein als gute Gründe entpuppen. Kein Dorf der Erde kann sich heute rühmen, für so viele Künstler Lebensstation gewesen zu sein wie Worpswede. Nirgendwo wohnen noch immer so viele Maler, Bildhauer, Schriftsteller und Kunsthandwerker auf kleinem dörflichen Raum zusammen wie hier.

Andere Künstlergemeinschaften, die sich vor der Jahrhundertwende bildeten, gingen nach kurzer Zeit auseinander. In dem einsamen Moordorf am Fuß des Weyerbergs wurde dagegen 1889 eine Tradition gegründet, die bis heute dauert. Sie ist nicht ohne Brüche, und zu dem Miteinander gehörte auch immer das Gegeneinander. Sie verlangte den Künstlern die Kraft zur Einsamkeit ab und provozierte dramatische Fluchten. Als Paula Modersohn-Becker, die die Berühmteste von den Worpswedern werden sollte, aus ihrer Ehe und dem Dorf im Moor nach Paris flieht (1906), schreibt sie in ihr Tagebuch: „Nun habe ich Otto Modersohn verlassen und stehe zwischen meinem alten Leben und meinem neuen Leben.“[1] Sie bleibt ein Jahr in der französischen Hauptstadt und kehrt dann mit ihrem Mann, der ihr gefolgt war, nach Worpswede zurück. Sie ist schwanger. Wenige Tage nach der Geburt ihres Kindes stirbt sie an den Folgen einer Embolie. Sie wurde nur 31 Jahre alt.

Obwohl sich Künstler immer wieder gegen Worpswede auflehnten, gibt es hier eine unvergleichliche, dauerhafte Kreativität. Was ist das Geheimnis dieser Kontinuität?

Der Anfang ist wie ein Bild, das einer der fünf Gründerväter der Künstlerkolonie gemalt haben könnte. In Wirklichkeit hat es Otto Modersohn in seinem Tagebuch mit Worten skizziert. Im August 1889 schreibt er: „Herrlicher grauer Tag; Weib auf dem Acker gegen die Luft – Millet. Bleiben auf der Brücke, die dort über den Kanal führt, stehen, nach allen Seiten die köstlichsten Bilder. Wie wäre es, wenn wir überhaupt hier blieben, zunächst mal sicher bis zum letzten Tag des Herbsts, ja den ganzen Winter. Wir werden Feuer und Flamme, fort mit den Akademien, nieder mit den Professoren und Lehrern. Die Natur ist unsere Lehrerin und danach müssen wir handeln.“[2]

24 Jahre war Modersohn damals alt. Auf der Brücke muß man sich neben ihm den 23jährigen Fritz Mackensen

Otto Modersohn (1865 – 1943) war 24 Jahre alt, als er sich in Worpswede niederließ. Er galt als der ernsthafteste in der Künstlergruppe der Gründergeneration.

Hans am Ende (1864 – 1918) war begeistert von der Moorlandschaft. Die meisten seiner Gemälde werden heute in Norddeutschland gehütet.

vorstellen. Die beiden Freunde hatten sich an der Düsseldorfer Kunstakademie kennengelernt. Der in der Nähe von Gandersheim aufgewachsene Mackensen hatte den Westfalen Modersohn nach Worpswede gebracht. Ihn selber hatte ein schöner Zufall in den letzten Winkel der Erde reisen lassen. Ein Sandpfad und ein Kanal, auf dem die Torfsegler ihre Fracht nach Bremen brachten, waren zu der Zeit für das Moordorf die Nabelschnur zur Welt. Die Eltern eines Mädchens, dem er in einem Lokal der Düsseldorfer Altstadt begegnet war, hatten ihn eingeladen. Aber Mackensen fing anders Feuer als geplant. Er verlor sein Herz nicht an die junge Frau, sondern an die melancholische Landschaft in der Norddeutschen Tiefebene. Genauso erging es Modersohn und dem ein Jahr älteren Hans am Ende, den Mackensen in München kennengelernt hatte, sowie den beiden Künstlerfreunden Fritz Overbeck (geboren 1869 in Bremen) und Heinrich Vogeler (geboren 1872 in derselben Stadt).

Fritz Mackensen (1866 – 1953) wurde schnell wohlhabend durch seine Kunst. Sein Haus am Weyerberg zeigte das durchaus her.

Warum sich die Fünf ausgerechnet diese verschlafene Sommerfrische der Bremer zum Wohnsitz erkoren, ist in der Tagebuchnotiz von Modersohn angedeutet. Wer sich heute auf eine der tausend Brücken um Worpswede stellt, das auf der Landkarte von einem Spinnennetz blauer Wasserläufe umgeben ist, kann einen Teil der Gefühle, die die Freunde damals bewegten, nachempfinden.

Das Licht über dem Teufelsmoor ist in den hundert Jahren ebensooft besungen worden wie – früher – die Berliner Luft. Die schönsten Beschreibungen – damals so gültig wie heute – gab Rainer Maria Rilke, der im August 1900 auf Einladung Heinrich Vogelers nach Worpswede kam und ihm zwei Jahre später, versehen mit der neuen Würde eines Ehemanns und Vaters, wieder den Rücken kehrte. Rilke, damals 25 Jahre alt, schrieb: „Worpswede ist flaches Land mit Birkenalleen, alten Bauernhäusern, Rosenbüschen und Vogelbeerbäumen. Der Boden teilt sich zwischen roter Erikaheide, die wunderbar duftet, und dem seltsamen von Kanälen durchschnittenen Moorland. Worpswede ist berühmt durch die Klarheit und die Farbigkeit seiner Luftstimmungen und durch die Pracht der Wolken.“[3]

„Wir gingen zusammen durch die Heide, abends im Wind. Und das Gehen in Worpswede ist jedesmal so: eine Weile wandert man vorwärts, in Gesprächen, welche der Wind rasch zerstört, – dann bleibt einer stehen und in einer Weile der andere. Es geschieht so viel. Unter den großen Himmeln liegen flach die dunkelnden, farbigen Felder, weite Hügelketten voll bewegter Erika, daran grenzend Stoppelfelder und eben gemähter Buchweizen, der mit seinem Stengelrot und dem Gelb seiner Blätter köstlichem Seidenstoff gleicht. Und wie alles daliegt, nah und stark und so wirklich, daß man es nicht übersehen oder vergessen kann. Jeden Augenblick wird etwas in die tonige Luft gehalten, ein Baum, ein Haus, eine Mühle, die sich ganz langsam dreht, ein Mann mit schwarzen Schultern, eine große Kuh oder eine hartkantige, zackige Ziege, die in den Himmel geht. Da gibt es nur Gespräche, an denen die Landschaft teilnimmt, von allen Seiten mit hundert Stimmen.“[4]

Heute ist Worpswede „Staatlich anerkannter Erholungsort“ – nicht immer zu seinem Vorteil. Es wurden Bänke in die von Rilke beschriebene Heidelandschaft gestellt. Wer in der Abenddämmerung, der blauen Stunde des Dichters, darauf Platz nimmt, kann sich leicht viele Jahre zurückträumen.

Die Ansiedlung der jungen Maler in Worpswede war damals gar nicht so ungewöhnlich, wie es auf den ersten Blick scheinen will. Sie entsprach sogar einer allgemeinen Zeitstimmung oder einem Trend, wie das modische Wort dafür lautet. Modersohn erwähnt Millet, den französischen Maler, der Mitte des 19. Jahrhunderts zu der Künstlerkolonie von Barbizon gehörte. In der ländlichen Umgebung von Fontainebleau entstanden damals melancholisch getönte Bilder nach der Natur. Augenschule und Bildung der Empfindung waren für die jungen Worpsweder ebenfalls Rembrandt gewesen und die deutsche Romantik. Natürlich waren sie auch vertraut mit den Ideen der Lichtmaler des französischen Impressionismus. Der herrschende Akademismus in der Kunst des ausgehenden 19. Jahrhunderts tat ein übriges, daß die Maler nach der Entdeckung des Moordorfes hier leidenschaftlich und euphorisch ihr Künstlerglück in der Natur suchten. Sie hatten eine Landschaft mit ganz einmaligem Reiz gefunden.

VORZEIT MOORZEIT

Als Mackensen und Modersohn 1889 beschlossen, sich in Worpswede niederzulassen, konnten sie immerhin schon zwischen zwei passablen Hotelabsteigen wählen. Am Fuß des Weyerbergs prunkte bereits die klassizistische Villa, in der heute in der Bergstraße eine Galerie Werke der alten Worpsweder Meister verkauft. Die Villa hatte sich ein Bauernsohn errichten lassen, der in Amerika reich geworden war. Aber es gab daneben auch viel Armut. Vor allem auf den kleinen Moorhöfen. Das Geld, das die bäuerlichen Menschen von den Künstlern fürs Modellstehen erhielten, war sehr willkommen. Nicht selten suchte sich Paula Modersohn-Becker ihre Modelle im Armenhaus von Worpswede.

Die junge Frau in Tracht gibt ein Bild von der alten bäuerlichen Tradition im Moor.

Erst sehr spät hatten sich im Moor Menschen angesiedelt. Die aus dem Meer gewachsene Landschaft blieb lange für sich, gekrönt durch den 54 Meter hohen Weyerberg, der aus der Eiszeit übrigblieb und heute als Worpswedes stolzer Hügel zu einem der meistgemalten deutschen Berge zählt.

Mitte des 18. Jahrhunderts wurde die Kolonisierung des Teufelsmoors beschlossen. Zur selben Zeit wurde in Ostpreußen der letzte Wisent erlegt, und Friedrich II. von Preußen begann seine Expansionskriege. Das Entwässerungsprogramm leitete der amtlich bestellte Kommissar Jürgen Christian Findorff. Nach ihm ist heute die Straße zu Füßen der 1759 eingeweihten Zionskirche benannt. Von 1933 bis 1945 hieß dieser Worpsweder Hauptweg Adolf-Hitler-Straße.

Daß die Kultivierung der Landschaft eine in 7000 Jahren gewachsene Ökologie zerstörte, ist den Menschen erst in den letzten zwanzig Jahren bewußt geworden. Die Entwässerung des Gebiets erfolgt über ein weitverzweigtes Netz von Gräben, dessen Hauptadern die Flüsse Hamme und Wümme sind, die sich in Ritterhude zur Lesum vereinigen, welche wiederum in die Weser mündet. Und die fließt ins Meer.

Heute schiebt sich kein einziges Torfschiff mehr mit schwarz geteertem Segel durch Schilf und Wollgras. Auf der Hamme gleiten die Lustschiffe der Freizeitsegler und warten darauf, daß sich an der Anlegestelle „Neu-Helgoland“ die Zugbrücke öffnet. Ein Plan, die ringsum liegenden Moorwiesen unter Wasser zu setzen und als Surfsee zu nutzen, ist glücklicherweise nicht in die Tat umgesetzt worden. Die alten Schiffe, deren letztes 1950 vom Bremer Senat in Auftrag gegeben wurde, liegen als Ausstellungsstücke am Heimatmuseum „Torfschiffwerft Schlußdorf“.

Aus der Zeit, als Torf noch zum Heizen benutzt wurde, erzählt man sich heute die Geschichte von dem Künstler, der den Torffahrern nachts als wegelagerndes Gespenst mit illuminiertem Kürbiskopf erschien. Die Kutscher bewarfen die unheimliche Erscheinung mit Torf, um sie zu verjagen. Der arme Künstler sammelte die Brocken auf, die man ihm an den Kopf geworfen hatte, und konnte endlich wieder ein Feuerchen in seinem Ofen machen.

Der Bauer ruht sich aus. Die Arbeit auf den Höfen ist hart. Der Boden ist karg und immer wieder vom Grundwasser bedroht.

Wer heute ein Stück dieser Moorerde, umwunden mit einer roten Schleife, geschenkt erhält, tut es nicht in, sondern auf den Kamin. Als Schaustück einer Restnatur. Zu Beginn dieses Jahrhunderts gingen das Moor, die schwarzbraunen Torfsoden, die Lastkähne als wiedergefundene Natur in die Kunst ein. Heute sind das für Künstler Motive einer verlorengegangenen Natur. Die Technisierung der Torfgewinnung hat das Moor zu einem großen Teil zerstört. Dafür findet es sich heute im Kunstraum wieder. Bei seiner Installation „Herakles' Höhle", 1988 im Hamburger Künstlerhaus, schichtete Lutz Dammbeck einen Torfberg auf, in den er ein Videogerät versenkte. Die Unsicherheit der Menschen gegenüber der Natur erwies sich als groß. Niemand wagte, den Berg in der Ausstellungshalle zu betreten. Der Künstler fragte sich, leicht verzweifelt, ob hier ein Schild richtig gewesen wäre: „Begehen erlaubt!"

Mit ihrem Künstlerbuch „Teufelsmoor persönlich" legten Lili Fischer und Georg Jappe 1983 eine Bestandsaufnahme vor, die nicht weit von einer Verlustanzeige entfernt ist. Der Poet und Ornithologe Georg Jappe war neun Monate mit Fernglas, Tonbandgerät und Notizbuch zwischen Ahrensfelder Moor und Wümmewiesen unterwegs gewesen, um Aufzeichnungen für sein Vogeltagebuch zu machen. Er beobachtete seltene Vögel: Schwarzer Milan, Merlin, Birkhuhn, Schwarzkehlchen, Waldschnepfe und Birkenzeisig. Er hörte Sumpfrohrsänger, Winterfliegenschnäpper, Goldammer, Zaungrasmücke. Auf seinem Schreibtischblatt dichtete er: „im Nebel schlagen/es dämmert/schon durch/ Amseln Feuerstein".

Lili Fischer fotografierte und zeichnete das Moor und machte sich Gedanken über die Nutzbarkeit: „Statt Goldbarren werden Torfstücke angeboten – nicht zum Verheizen und nicht zur Vorgarten-Aufbesserung – nein, sie werden auf einer Torfbank angelegt und sind dort abrufbar, wenn man zum Nachdenken eine Kopfstütze braucht... und sich zum Beispiel fragt, was denn von einem übrigbleibt. Das Moor wächst in einem Jahr um einen Millimeter. Torf-Kopfstützen gibt es ab zehn Zentimeter Höhe."

ZEIT DER GLORIE

Die Gründerväter der Worpsweder Künstlerkolonie sind Fritz Mackensen, Otto Modersohn, Hans am Ende sowie Fritz Overbeck und Heinrich Vogeler, die wenig später folgten. Vogeler kam mit dem Kahn von Bremen an. Wie Lohengrin mit dem Schwan. Der Schwan wurde später ein Lieblingsmotiv des Jugendstils, Vogeler einer seiner Meister.

Am Fenster: Hans am Ende, Otto Modersohn, Fritz Overbeck und Fritz Mackensen (von links). Fehlt von den fünf Gründervätern nur noch Heinrich Vogeler.

Die Maler arbeiteten anfangs eng zusammen. Doch einen Worpsweder Stil oder eine Schule hat es nie gegeben; abgesehen davon, daß die Fünf ein gemeinsames Thema hatten: die Moorlandschaft und ihre Menschen. Aber es entstand eine neue Regionalität, eine neue Stimmung in der Kunst. 1895 durften sich die Worpsweder als Gruppe in der Bremer Kunsthalle präsentieren. Die Ausstellung war ein Mißerfolg. Die Menschen standen verständnislos vor diesen neuen brauntonigen Bildern. Wenige Monate später kam bei der Internationalen Ausstellung im Münchener Glaspalast der Durchbruch. Mackensen erhielt für sein bauerntümelndes Großgemälde „Gottesdienst im Moor" die Goldmedaille. Modersohns „Sturm im Moor" wurde von der Neuen Pinakothek angekauft.

Rilke zitiert später in seiner Monographie der Worpsweder Künstler eine Zeitungskritik, die einen guten Eindruck davon gibt, wie phänomenal dies Ereignis war: „Der Erfolg, den die Maler von Worpswede auf der heutigen Jahresausstellung im Münchener Glaspalast errangen, hat in der Geschichte der neueren Kunst nicht seinesgleichen. Kommen da ein paar junge Leute daher, deren Namen niemand kennt, aus einem Dorf, dessen Namen niemand kennt, und man gibt ihnen nicht nur die besten Säle, sondern der eine erhält die große Goldene Medaille und dem anderen kauft die Neue Pinakothek ein Bild ab. Für den, der irgend weiß, wie ein Künstler zu solchen Ehren sonst nur durch langjähriges Streben und gute Verbindungen kommen kann, ist das eine so fabelhafte Sache, daß er nicht glauben würde, hätte er sie nicht selbst erlebt."[5]

Ein Mythos war geboren. Worpswede wurde zu einem Zauberwort, hinter dem sich die Hoffnung auf ein Aussteigerparadies, ein Refugium für Heile-Welt-Sucher verbarg. Viele, die die Welt fliehen wollten, wurden von der Aura Worpswedes angezogen. Sie wurden enttäuscht, wie nicht anders möglich.

In der Künstlergemeinschaft zeigten sich nach der Euphorie, die der gelungene Aufbruch auslöste, schnell Risse. Für eine dauerhafte Harmonie waren die Persönlichkeiten zu verschieden. Der ernsthafte, grüblerische

Modersohn wandte sich gegen Mackensen, der zu Schaumschlägerei und großen Worten neigte. Aber noch räsonnierte er sozusagen innerlich. Das heißt, er vertraute die Kritik an den Malerfreunden seinem Tagebuch an: „Frische, Zufassen, Schießen, Reden ist ihre Welt. Sie mißachten den, der es nicht mitmacht. Mackensen sehr naiv, zu simpel, derb, kantig, einseitig, aber seine Leistungen sehr gering... Hans am Ende eigentlich nur ein liebenswürdiger Gesellschafter, feiner, zuweilen poetisch zart – aber sonst, hat er künstlerisch Ahnung? Habe ihn sehr überschätzt. Seine Bildleistung – die eine Radierung unfertig, einige kleine Bildchen, die ich fertig gemalt habe. Overbeck ist mein bester Freund, zu ihm habe ich das intimste Gefühl. Wir ähneln uns am meisten... Mackensen vertritt eine Kunst, die vor 16 Jahren neu war, einfacher Naturalismus, überall in der Welt malt man solche Bilder, nur mit größerem Können. Vogeler ist ganz in äußerlicher Nachahmung der Engländer und Verehrung Botticellis."[6]
Modersohns Kritik hatte Hand und Fuß. Das hinderte aber nicht, daß die Worpsweder seit der Glaspalast-Ausstellung einen Erfolg nach dem anderen einheimsten. Vor allem für Mackensen regnete es Goldmedaillen. Die „Zeit der Glorie" war angebrochen. Nicht ganz die Welt, aber immerhin das Deutsche Reich blickte auf Worpswede. Viele Menschen kamen und schauten.
Das Moordorf wurde zum Ziel einer gebildeten Bürgerschicht, die hier eine neue Kunst zu entdecken hoffte und hinter der Kunst ein neues Lebensgefühl. Es war kein Zufall, daß die Worpsweder Künstlerkolonie am Ende des ersten Jahrhunderts im Zeitalter der Industrialisierung entstand. Die Sehnsucht der Großstädter nach Natur war enorm. Der Traum „Zurück zur Natur", der später in der Jugendbewegung massenhaft organisiert wurde, fand in dem Künstlerdorf eine kleine Erfüllung. Und die Besucher kauften die Bilder der jungen Maler, um die verlorengegangene Natur wenigstens im Abbild zu besitzen.

DREI KÜNSTLERINNEN

Mackensen, „der Mann mit den goldenen Medaillen“, so Paula Modersohn-Becker, hatte sich einen Ruf als Lehrer erworben. Zu seinen vielen Schülern gehörten im Jahre 1898 drei junge Mädchen, die noch von sich reden machen sollten: Paula Becker, Clara Westhoff und Ottilie Reylaender. Gemeinsam ist den dreien der damals noch ganz ungewöhnliche Mut, sich für ein Leben als Künstlerin zu entscheiden. Frauen waren noch nicht zugelassen zum Studium an Kunstakademien. Das Erlernen des Aktzeichnens galt für sie als unanständig.

Die drei Künstlerinnen waren noch sehr jung, als sie nach Worpswede kamen. Paula war 22 Jahre alt, Clara eineinhalb Jahre jünger und Ottilie erst 15. Ihr Wunsch war durchaus nicht, dort ein Refugium zu finden, sondern vielmehr hatten sie die Vorstellung, in der Künstlerkolonie eine Aufbruchsstation für ihre Arbeit zu entdecken.

Paula Modersohn-Becker (1876 – 1907) kam mit 22 Jahren nach Worpswede. Sie wurde die weltweit berühmteste Malerin des Künstlerdorfs.

Paula Becker und Clara Westhoff hatten vielleicht noch nicht sehr viel Lebenserfahrung zu der Zeit, aber doch schon einige Welterfahrung. Paula Becker wurde 1876 in Dresden geboren. Als sie zwölf Jahre alt war, zog die Familie nach Bremen. Paulas Vater war Baurat. Ihre Mutter stammte aus einer adeligen Familie, die die Künstlerin später finanziell unterstützte. Mit ihren fünf Geschwistern wuchs Paula in gutbürgerlichen Verhältnissen auf. Mit 16 Jahren wurde sie zu Verwandten nach England geschickt, wo sie lernen sollte, einen Haushalt zu führen. Nebenbei erhielt sie, wie für eine höhere Tochter damals üblich, Kunstunterricht. Das Nebenbei wurde sofort zur Hauptsache. Paula schrieb begeisterte Briefe über ihre Arbeit an der Londoner School of Arts nach Hause. Mit ihrer ungeheuren Neugier aufs Leben traute sie sich auch da schon, die damals jungen Mädchen gesetzten Grenzen zu überschreiten. Sie spionierte beim Aktstudium, und die besorgten Eltern mußten bald zur Kenntnis nehmen, daß ihre Tochter nichts anderes werden wollte als Künstlerin. Paula durfte ihre Ausbildung in Berlin fortsetzen, mußte aber vorher ein Lehrerinnen-Seminar in Bremen absolvieren. Die Briefe und Tagebuchaufzeichnungen aus dieser Zeit zeigen eine ungewöhnlich starke junge Persönlichkeit, die sehr unabhängig ist in ihrem Urteil, die wild ist aufs Leben und in ihrer Kunst am liebsten mit Siebenmeilenstiefeln vorankommen möchte. Häufig ist eine Tagebuchaufzeichnung der 24jährigen zitiert worden: „Ich weiß, ich werde nicht sehr lange leben. Aber ist das denn traurig? Ist das Fest schöner, weil es länger ist? Und mein Leben ist ein Fest, ein kurzes intensives Fest."[7] Diese bestürzende Todesahnung und Paulas große Ungeduld, weiterzukommen, machen im nachhinein deutlich, daß dieses Leben von 31 Jahren in jedem Moment ein Leben von 31 Jahren war.

Als die 22jährige zum erstenmal nach Worpswede kam, geriet sie ins Schwärmen. In ihrem Tagebuch schrieb sie: „Worpswede, Worpswede, du liegst mir im Sinn. Das war Stimmung bis in die kleinste Fingerspitze. Diese mächtigen großen Kiefern! Meine Männer nenne ich sie, breit, knorrig und wuchtig und groß, und doch mit feinen, feinen Fühlfäden und Nerven drin. So denke ich mir eine Idealkünstlergestalt. Und deine Birken, die zarten, schlanken Jungfrauen, die das Auge erfreuen. Mit jener schlappen, träumerischen Grazie, als ob ihnen das Leben noch nicht aufgegangen sei. Sie sind so einschmeichelnd, man muß sich ihnen hingeben, man kann nicht widerstehen. Einige sind schon ganz männlich kühn, mit starken geraden Stämmen. Das sind meine modernen Frauen."[8]

Sehr scharfsichtig äußerte sie sich über die Worpsweder Künstler. In Modersohn hatte sie sich spontan verliebt. „Dann ist da noch der Modersohn. Ich habe ihn nur einmal gesehen. Und da leider wenig gesehen und gar nicht gefühlt. Ich habe nur in der Erinnerung etwas Langes in braunem Anzug mit rötlichem Bart. Er hatte etwas Weiches, Sympathisches in den Augen. Seine Landschaften, die ich auf den Ausstellungen sah, hatten tiefe, tiefe Spannung in sich. Heiße, brütende Herbstsonne oder geheimnisvoll süßer Abend. Ich möchte ihn kennenlernen, diesen Modersohn."[9]

Dies hätte der Anfang einer wunderbaren Liebesgeschichte zwischen zwei Worpsweder Künstlern werden können. Denn auch Modersohn war tief beeindruckt von Paula Becker. Doch der Maler hatte bereits eine Frau an seiner Seite. Er hatte im Moordorf die tuberkulosekranke Helene Schröder geheiratet. 1898 wurde ihre Tochter Elsbeth geboren. Im selben Jahr wurde auch Fritz Overbeck Vater. Er hatte in Worpswede die Malerin Hermine Rohte kennengelernt.

Unkompliziert und voller Heiterkeit waren die Freundschaften Paulas mit Clara und Ottilie. Begeistert beschrieb die 15jährige Ottilie Paulas Arbeitsraum: „Unvergeßlich ist mir dieser erste Eindruck ihrer feurigen Persönlichkeit in der Umgebung des originellen Ateliers. Den hellen, niedrigen Raum hatte sie sich leuchtend zitronengelb und ultramarinblau angestrichen, dergestalt, daß die Wand in zwei Hälften unterteilt war: die untere blau, die obere gelb. Ein kleines Pult, ein Tisch und ein paar Bauernstühle außer der großen Staffelei, das waren die einzigen Gegenstände..."[10] Paula malte viel. Ihre Bilder der Kinder, jungen Mütter und alten Menschen trafen in Worpswede auf Unverständnis. Am meisten zeigte sich noch Otto Modersohn beeindruckt. Mackensen lehnte die Bilder ab. Die Radikalität ihrer Malerei, die ihr heute den Rang in der Moderne des zwanzigsten Jahrhunderts sichert, wurde negativ bewertet. Die Emanzipation des Dissonanten in der Kunst war damals noch ein zu großer Schock und wurde erst nach ihrem Tod richtig begriffen.

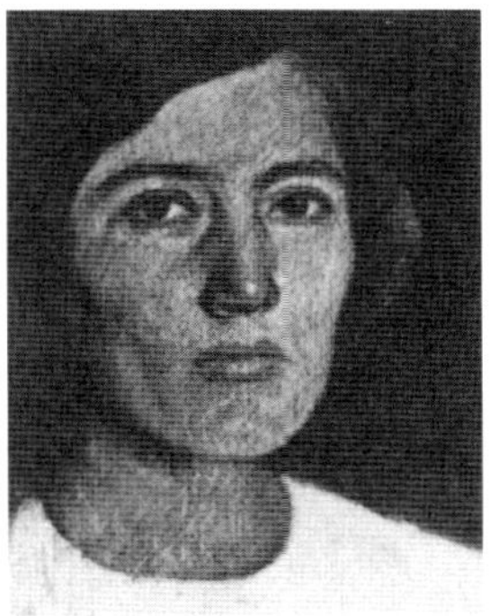

Ottilie Reylaender (1882 – 1965) war eine der ersten Schülerinnen von Mackensen. Ein abenteuerliches Leben führte sie später weit in die Welt hinaus.

Das Werk von Ottilie Reylaender (1882-1965) ist heute nahezu vergessen. In der Worpsweder Sammlung des „Haus im Schluh" hängt von ihr das Gemälde „Die Geschwister", das sie 1900 malte. Wie eine gedoppelte Moor-Loreley sitzen da zwei Mädchen auf einem Torffelsen. Das Werk dieser Künstlerin wiederzuentdecken, lohnt sich. Sie hatte sich von allen am schnellsten und am weitesten von Worpswede entfernt. Nach den Stationen Paris, Casablanca und Venedig verbrachte sie viele Jahre in Mexiko.

Clara Westhoff (1878 – 1954) wurde erst in den letzten Jahren mit ihren Bildhauerarbeiten wiederentdeckt. Ihre Ehe mit Rainer Maria Rilke war nur von kurzer Dauer.

Clara Westhoff (1878-1954) war lange Zeit nur als Frau von Rainer Maria Rilke in Erinnerung. 1987 machte eine Ausstellung wieder auf die Bildhauerin aufmerksam. Die Tochter aus gutbürgerlicher Familie hatte sich ohne Widerstände früh der Kunst zuwenden dürfen. Sie hatte bei Max Klinger in Leipzig gelernt und war von diesem Auguste Rodin in Paris empfohlen worden. Daß Rilke später Sekretär des großen französischen Bildhauers werden sollte, ist auch ein Ergebnis dieser ersten Verbindung. „Groß und prachtvoll anzuschauen ist sie und so ist sie als Mensch und so ist sie als Künstlerin"[11], schrieb Paula Becker nach dem ersten Kennenlernen. Und auch, daß sie diese junge Frau zur Freundin haben möchte. Clara schuf zwei Porträtbüsten von Paula. Manchmal arbeiteten die beiden Freundinnen nach demselben Modell. Anfang 1900 fuhren sie zusammen für sechs Monate nach Paris. Für Paula Becker und ihre Kunst war das ein Aufbruch zu neuen Ufern. Sie war tief beeindruckt von den Bildern Cézannes und van Goghs. Zwischen den beiden Frauen entwickelte sich über die Arbeit hinaus eine heimlich auch erotische Beziehung. Genauso teilten sie manchmal eine übermütige Daseinslust, die sie einmal dazu trieb, die Glocken der Dorfkirche zu läuten. Paula mußte zur Strafe die Säulen der Kirche mit Blumen bemalen.

Paula las viel. Tolstoi, Laotse, Goethe, Hauptmann, Ibsen, Nietzsche. Lesen gehörte bei den Worpswedern zum Leben wie Tagebuchschreiben.

In sanfter Steigung kommt der Weyerberg den Wolken näher. Worpswedes grüner Hügel hat Generationen von Künstlern inspiriert. Er wurde aquarelliert, in Öl gemalt, in Holz gestochen und in Gedichten verewigt. Die Getreidefelder liegen wie Teppiche auf dieser höchsten Erhebung des Ortes.

Die Hammewiesen werden zur Zeit mit „sanfter Landwirtschaft“ in ihren ursprünglichen Naturzustand zurückversetzt. Die renaturierte Landschaft wird zunehmend attraktiv für Zugvögel wie zum Beispiel Sibirische Schwäne. Die zum Teil schiffbare Hamme vereinigt sich in Ritterhude mit der Wümme zur Lesum, die in die Weser mündet.

Der Moorexpress, genannt „Moormolli" – ein Triebwagen, der zwischen Stade und Osterholz-Scharmbeck verkehrt – hält auch in Worpswede. Heinrich Vogeler entwarf die Bahnhöfe an dieser heute wieder sehr beliebten Ausflugsstrecke.

Das Moor steht unter Naturschutz. Seit der industriell betriebene Torfabbau – früher eine Haupteinnahmequelle der Moorbauern – eingestellt wurde, ist das unzugängliche Gelände ein paradiesischer Nistplatz für Vögel.

In leichtem Anstieg führt die Lindenallee von der Bergstraße, wo im Sommer oft ziemlicher Trubel herrscht, auf den Weyerberg. Dort oben findet jeder ein ruhiges Plätzchen für sich.

HEINRICH VOGELER UND DER BARKENHOFF

Über Heinrich Vogeler schrieb Paula Becker: „Er führt bei sich in der Tasche Walther von der Vogelweide und ‚Des Knaben Wunderhorn'. Darin liest er täglich. Er träumt darin täglich. Er liest jedes Werk so intensiv, daß er das Wort selbst vergißt."[13]

Vogeler – der Träumer zweier Welten. Das ist das Bild, das heute von dem 1872 geborenen Bremer Kaufmannssohn gepflegt wird. Dabei wird leicht vergessen, mit welcher Vitalität und Kraft sich der Künstler seine beiden so verschiedenen Träume erfüllte, wie hartnäckig er seine Ideen in Taten umsetzte, soweit es überhaupt in seiner Macht stand.

Der eine Vogeler-Traum galt dem ästhetischen Paradies. Er träumte und verwirklichte ihn um 1900. Die andere Idee war eine soziale Utopie: Die Kommune als ideale Menschengemeinschaft und der Kommunismus als Erlösung von allen gesellschaftlichen Übeln. Wie bei allen Träumen und Utopien erreichte Vogeler nur Annäherungen. In beiden Fällen war der Ort dafür der Barkenhoff. Der Hof und das „Haus im Schluh" sind heute in Worpswede die kleinen Gralshöfe der Verehrer des Künstlers.

Heinrich Vogeler (1872 – 1942) sah sich am liebsten im Profil. Der Jugendstilkünstler wandelte sich in der zweiten Hälfte seines Lebens zum Agitpropkünstler.

Vogeler war, wie Paula Modersohn-Becker, in der Künstlergemeinschaft ein Außenseiter. Obwohl sich ein großer Teil des geselligen Lebens um 1900 auf seinem Barkenhoff abspielte. Beeinflußt von der „Arts-and-Crafts"-Bewegung in England, entstand bei Vogeler aus dem Eintauchen in die pure Worpsweder Natur ein hochartifizielles Werk. Die Vereinigung von Kunst und Leben war das Ziel. Ausgerechnet in der melancholischen, urigen, bäuerlichen, harten Moorlandschaft zwischen Hamme und Wümme wuchs der Meister des Jugendstils heran.

Für Vogeler, wie für alle Jugendstilkünstler, gab es keine Trennung zwischen hoher und angewandter Kunst. Seine Gemälde und freien Zeichnungen standen für ihn gleichberechtigt neben Buchillustrationen, Plakaten, Postkarten, Entwürfen für Teppiche, Möbel, Porzellane und Bestecke. Er betätigte sich als Architekt und Innenausstatter. Davon zeugt heute in Worpswede nicht nur der Barkenhoff, sondern auch der Bahnhof, den er als Mitglied des „Worpsweder Verschönerungsvereins" initiierte und entwarf. Die Eisenbahnstrecke durchs Moor ist seit einigen Jahren stillgelegt. Im Bahnhof kann der Besucher in der zweiten und dritten Klasse essen.

Der 28jährige Vogeler war um 1900 ein vielgefragter Künstler. In seinem Barkenhoff hatte er zu der Zeit schon viel von seinen „Kunst-ist-Leben-und-Leben-ist-Kunst“-Ideen verwirklicht. Für kurze Zeit war dieser Landsitz ein nahezu vollkommenes Gesamtkunstwerk mit einem starken Hang zur Weltflucht. Davon zeugt auch ein kleines Gedicht des Künstlers in dem Band „DIR“, der 1899 im Insel Verlag erschien und 1973 als kleine Preziose des Jugendstils wieder aufgelegt wurde.

Träumend staunen in den alten Garten –
Wollen sie ein Wunder stumm erwarten?
Fenster, heimlich blinkende, hinaus.
Müde flüchtend aus den lauten Wogen
Hat es sehend heimwärts mich gezogen.
Und das Leben, das ich gerne ließ,
Tausch ich nun mit trautem Paradies.

Vogeler hatte den Hof 1895 mit dem Geld erworben, das er von seinem Vater geerbt hatte. Fast 30 Jahre hatte er hier seinen Hauptwohnsitz. Das Haus mit der geschwungenen Freitreppe wurde zu einem seiner berühmtesten Motive. In der nicht weit entfernten Großen Kunstschau hängt heute das bekannteste aller Barkenhoff-Bilder. Vogeler malte es zwischen 1902 und 1905. Auf der Terrasse hinter der weißen Treppe, die von hohen Steinurnen und Buchsbäumen gekrönt wird, versammelte der Künstler zum Gruppenbild unter anderem: Paula Modersohn-Becker, Otto Modersohn, Clara Rilke-Westhoff, seine Frau Martha Vogeler, geborene Schröder, und sich selbst, halb verdeckt, am Cello. Rilke fehlt. Die sommerliche Idylle zur Rosenzeit ist ernst und schön. Wie gemalt. Wer die Hintergründe kennt, weiß, daß die Beziehungen der Paare schon voller Risse waren.
Nach dem Erwerb des Grundstücks war Vogeler mit viel Enthusiasmus an den Aufbau seines Paradieses herangegangen. Er wirkte als Architekt und Innenarchitekt, Möbeldesigner und Gärtner. Er pflanzte ein kleines Birkenwäldchen und nannte sein Anwesen nach dem plattdeutschen Wort dafür: Barkenhoff. Auch die zarten Birkenstämme wurden ein Lieblingsmotiv von ihm. Wer heute in der Birkenlandschaft von Worpswede sitzt und seine Gedanken spazierengehen läßt, kommt beim Nachdenken über das ungewöhnliche Leben des Heinrich Vogeler auf eine merkwürdige Parallele. Als sich der Künstler in den zwanziger Jahren dem Kommunismus anschloß und nach Rußland ging, kam er wieder in eine, seine, Landschaft, in der Birkenstämme den Ton angaben. Es gibt Graphiken vom Barkenhoff-Grundstück, die auch in russischer Landschaft entstanden sein könnten.

In seinen Erinnerungen schreibt Vogeler: „Im Garten, auf den Feldern des Barkenhoffs war ich jedem Baum, jeder Pflanze nahe, suchte sie täglich auf, half ihrem Wachstum, gab ihnen Bodennahrung und beschnitt sie und unterstützte die Wachstumsrichtung, die dem Organismus am zutunlichsten schien. (...) Die Gestaltung des Gartens, die Verwandlung des brachliegenden Urbodens in ein verschlungenes Paradies, in dem man immer wieder Entdeckungen machte, wie die Natur ihre eigenen Wege ging, und wie ich überrascht die neuen Intimitäten der Natur unterstützte und in der Richtung zu künstlerischen Entdeckungsmöglichkeiten ausbaute. So vervielfältigte sich die ursprüngliche Natur unter der gestaltenden Hand des Malers und wuchs als organischer Zusammenhang mit dem Wohnhaus zu einer Einheit, in der der Mensch wandelte wie in einer abgeschlossenen Welt."[14]

Der Barkenhoff wurde zum Zentrum der Künstlerkolonie. Vogeler war ein großzügiger Gastgeber. Seine „Insel der Schönheit" wurde bald so etwas wie ein kleiner Musenhof im Moor. Zu Gast waren die Schriftsteller Otto Julius Bierbaum, Richard Dehmel, Gerhart Hauptmann, René Schickele, Rudolf Alexander Schröder, der Regisseur Max Reinhardt, der Verleger Eugen Diederichs, mit dem Vogeler zusammenarbeitete. Der Künstler schrieb später, manchmal habe er sich dann fern vom Fest am einsamen Berghang zurückgezogen, ein Häuflein Elend, den Kopf in der Hand. Erste Regungen zu seiner Flucht aus dem Paradies? Erste Ansätze zu seinem späteren sozialen Pflichtgefühl, seinem gesellschaftlichen Engagement?

RILKE IN WORPSWEDE

Auf einer Florenzreise hatte Vogeler den Dichter Rainer Maria Rilke kennengelernt. Beide schwärmten für Botticelli. Der Poet kam nach Worpswede. Daß er 1900 für eine längere Zeit seine Zelte hier aufschlug, lag vielleicht weniger an der Landschaft als an der Gastfreundschaft Vogelers und der Gesellschaft auf dem Barkenhoff. Rilke hat sie mit dem Pathos des Dichters beschrieben. Und vor lauter Begeisterung maßte er sich in aller Unbescheidenheit die Rolle des Gastgebers an. „Wir sitzen im Musiksaal... weiß, weiße Türen, Vasen, darüber gemalt, aus denen Rosenketten sanft zu beiden Seiten fallen. Alte Stiche, kleine galante Gartenszenen, graziöse Porträts, Empirestühle, ein Lehnstuhl, gerade für die blonde Schwester recht. Man spielt Richard Strauss, Franz Schubert... Später, da man mich bittet, lese ich einiges. Eigentlich ist das ein Märchen. Ich sitze in einem ganz weißen, in Gärten verlorenen Giebelhaus unter schönen und würdigen Dingen, in Stuben, die voll von der Stimmung eines Schaffenden sind. Ich sitze in seinen träumerischen Stühlen, freue mich an seinen Blumen, schaue mich in seinen Spiegeln und seine Uhren sprechen mich an wie den Herrn. Da wohne ich einsam, wartend immer, sechs Tage lang. Und am siebten empfange ich im weißen Saal bei zwölf Kerzen, die in hohen silbernen Leuchtern steh'n, die ernstesten Männer der Gegend und sehr schöne schlanke Mädchen in Weiß, die, wenn ich sie bitte, Lieder spielen und singen und sich zusammensetzen, in feinen Empirestühlen, und die vornehmsten Bilder sind und der köstlichste Überfluß...“[15]

Rainer Maria Rilke (1875 – 1926) kam 1900 nach Worpswede und blieb zwei Jahre. Er schrieb die schönsten Texte über die Moorlandschaft.

Zwei Gestalten vor allem hatten das Herz des Dichters auf Anhieb entflammt: die blonde und die dunkle Schwester, wie er Paula Becker und Clara Westhoff zu nennen beliebte.

Er schrieb das Gedicht „Von den Mädchen“:

Mädchen, Dichter sind, die von euch lernen
das zu sagen, was ihr einsam seid;
und sie lernen leben an euch Fernen,
wie die Abende an großen Sternen
sich gewöhnen an die Ewigkeit.

Keine darf sich je dem Dichter schenken,
wenn sein Auge auch um Frauen bat;
denn er kann euch nur als Mädchen denken:
das Gefühl in euren Handgelenken
würde brechen von Brokat.

Laßt ihn einsam sein in seinem Garten,
wo er euch wie Ewige empfing
auf den Wegen, die er täglich ging,
bei den Bänken, welche schattig warten,
und im Zimmer, wo die Laute hing.

Geht! ... es dunkelt. Seine Sinne suchen
eure Stimme und Gestalt nicht mehr.
Und die Wege liebt er lang und leer
und kein Weißes unter dunklen Buchen, –
und die stumme Stube liebt er sehr.
... Eure Stimmen hört er ferne gehn
(unter Menschen, die er müde meidet)
und: sein zärtliches Gedenken leidet
im Gefühle, daß euch viele sehn.

Allein wollte er sie für sich haben. Und doch wieder nicht. Rilkes Liebesbeziehung zu Lou Andreas-Salomé hatte sich auf der letzten gemeinsamen Rußlandreise abgekühlt. Er war von Petersburg direkt nach Worpswede gekommen. Waren diese Gefühle für „die blonde und die dunkle Schwester" Liebe oder Schwärmerei? Und welche hatte es ihm am meisten angetan? Jedenfalls reiste er im Herbst fluchtartig nach Berlin ab. Der Grund: Wahrscheinlich hatte er von der heimlichen Verlobung Paula Beckers mit Otto Modersohn gehört. Die Frau des Malers, Helene, war einige Monate zuvor nach langer Krankheit gestorben.

Paula Becker und Otto Modersohn befaßten sich beide sehr ernsthaft mit der Kunst des anderen und waren einander gute Kritiker.

1901 wurden in der Künstlerkolonie drei Hochzeiten gefeiert. Paula Becker und Otto Modersohn heirateten, Clara Westhoff und Rilke sowie Heinrich Vogeler, der die Dorfschöne Martha Schröder, Tochter eines Landschullehrers, auf den Barkenhoff holte. Sie wird für lange Zeit sein Lieblingsmodell sein. Heinrich und Martha Vogeler haben drei Töchter zusammen: Marieluise, Bettina und Martha. Rilkes wird Tochter Ruth geboren. Sie hat ihren Vater ab dem zweiten Lebensjahr kaum noch gesehen, wuchs teilweise bei den Großeltern auf, und als der Vater einmal zu Besuch kommt, nennt sie ihn „der Mann". Im Haus von Ruths Sohn, in Gernsbach im Schwarzwald, wird heute das Rilke-Archiv betreut.

Man sieht: Ein einfaches Geheimnis der Beständigkeit der Künstlerkolonie am Rande des Teufelsmoors liegt darin, daß die Maler am Ort Familien gründeten und ihrer Wanderlust dadurch Zügel angelegt wurden. Auch blieben ihre Kinder fast ausnahmslos in und um Worpswede wohnen.

Bei den Malern war um die Jahrhundertwende Wohlstand eingezogen. Mackensen baute sich am Weyerberg ein großes Haus, in dem heute mehrere Familien wohnen. Nur Rilke, damals Mitte zwanzig, hatte kein Geld. Er war froh über eine Auftragsarbeit der Bremer Kunsthalle. 1903 erschien seine Monographie über die Worpsweder. Es fehlte darin ein Beitrag über die wichtigste Künstlerin der Gruppe, Paula Modersohn-Becker. Es ist wahrscheinlich, daß Rilke die Qualität ihrer Arbeit noch gar nicht entdeckt hatte und ihm erst später in Paris, als seine Augen durch die neue französische Malerei geöffnet wurden, die Bedeutung ihres Werkes klar wurde. Eins der schönsten poetischen Vermächtnisse aus Rilkes Worpsweder Zeit ist das Gedicht „Herbsttag" aus dem Zyklus „Buch der Bilder". Er schrieb es 1902 bei einem Parisaufenthalt. Es ist wie die Summe der Zeit, die hinter ihm liegt.

HERR: es ist Zeit. Der Sommer war sehr groß.
Leg deinen Schatten auf die Sonnenuhren,
und auf den Fluren laß die Winde los.

Befiehl den letzten Früchten voll zu sein;
gieb ihnen noch zwei südlichere Tage,
dränge sie zur Vollendung hin und jage
die letzte Süße in den schweren Wein.

Wer jetzt kein Haus hat, baut sich keines mehr.
Wer jetzt allein ist, wird es lange bleiben,
wird wachen, lesen, lange Briefe schreiben
und wird in den Alleen hin und her
unruhig wandern, wenn die Blätter treiben.

AUFLÖSUNG Als Rilke 1902 Worpswede, seine Familie und seine Freunde verließ, um nach Paris zu gehen, hatte es unter den Paaren bereits tiefliegende Entfremdungen gegeben. Vogeler sprach von Clara Rilke-Westhoffs „eingemauerter Freiheit". Paula Modersohn-Becker war tief verletzt durch die Veränderungen, die mit ihrer Freundin in der Ehe vorgingen. In einem Brief appellierte sie in ihrer vehementen Art an die alte Clara: „Aus Ihren Worten spricht Rilke zu stark und zu flammend. Fordert das denn die Liebe, daß man werde wie der andere? Nein und tausendfach nein... Ich weiß wenig von Ihnen Beiden, doch wie mir scheint, haben Sie viel von Ihrem alten Selbst abgelegt und als Mantel ausgebreitet, auf daß Ihr König darüber schreite. Ich möchte für Sie, für die Welt, für die Kunst und auch für mich, daß Sie den güldenen Mantel wieder trügen."[16]

Sie selbst war in ihrer Ehe auch nicht glücklich geworden. Sie fühlte sich in Worpswede vom Leben, von der Kunst ausgeschlossen. 1903 und 1905 fuhr sie nach Paris, um zu lernen und zu arbeiten. Die endgültige Trennung von Worpswede und Otto Modersohn im Jahr 1906 währte nur ein Jahr. Am 2. November 1907 wurde ihre Tochter Mathilde geboren. Die junge Mutter starb 18 Tage nach der Geburt. Kurz vorher hatte die Malerin sehnsüchtig den Wunsch geäußert, nach Paris reisen zu wollen: „Da sind 56 Cézannes ausgestellt."

Wer heute über den Worpsweder Friedhof geht, findet das Grab der Künstlerin im Schatten der Zionskirche. Den Gedenkstein „Mutter und Kind" hat der Architekt und Bildhauer Bernhard Hoetger geschaffen, der in Paris die Bedeutung ihrer Kunst erkannt hatte, während Rilke sie noch 1903 bei Rodin als „femme d'un peintre très distingué" eingeführt hatte.

Auf den Knien des steinernen Kindes der pathetischen Hoetger-Skulptur liegen heute manchmal frische Blumen. Neben Paula Modersohn-Becker ruhen die erste Frau des Malers, Helene, und seine Tochter aus erster Ehe, Elsbeth. Auch Hans am Ende, der 1918 den Folgen einer Kriegsverletzung erlag, ist auf dem Friedhof begraben. Fritz Overbeck war schon 1909 gestorben. Die Bilder dieser beiden Maler wurden und werden im norddeutschen Raum geschätzt, weil sie vertraute Landschaft darstellen. Ihre Bedeutung ist regional. Auch Mackensens künstlerische Kraft ist heute eher umstritten. Dennoch: Für Worpswede war er eine wichtige Persönlichkeit. Als er 1953 mit 87 Jahren als letzter aus der Gruppe der Gründerväter starb, wurde ihm auf dem Dorffriedhof ein unübersehbarer Grabstein gemeißelt. Er zeigt sein Porträt und darunter den Spruch: „Kunst ist Spiege-

lung der Natur in einer Menschenseele. Wie die Seele so die Kunst." Ein Satz, den Paula Modersohn-Becker sicher nicht unterschrieben hätte.
Rilke und die Malerin waren sich in Paris wieder nähergekommen. Der Tod der Freundin erschütterte den Dichter. In seinem „Requiem" mit der Zueignung „Für eine Freundin" heißt es:

Wir haben, wo wir lieben, ja nur dies:
einander lassen; denn daß wir uns halten,
das fällt uns leicht und ist nicht erst zu lernen.

Im Jahr nach dem Tod seiner Frau zog Otto Modersohn mit den beiden kleinen Töchtern ins benachbarte Fischerhude und heiratete 1909 die Tochter des Malers Heinrich Breling, Louise. 1916 wurde der Sohn Christian geboren. Ihm ist zu verdanken, daß heute im Modersohn-Haus in Fischerhude an Leben und Werk des Vaters erinnert wird.

Heinrich Vogelers Barkenhoff ist heute Museum. Daneben gibt es in der Anlage mehrere Ateliers für Stipendiaten. Der Bremer Kaufmannssohn erwarb den Birkenhof Ende des 19. Jahrhunderts und machte ihn zum Mittelpunkt der jungen Künstlerkolonie. Hier spielte sich um 1900 das von dem Dichter Rilke so hochgepriesene gesellige Leben ab.

Dieser Kreidekasten gehörte Heinrich Vogeler. Er wurde lange nach dem Tod des Künstlers auf einem Dachboden wiederentdeckt.

Das Rilke-Zimmer im Barkenhoff erinnert an den Aufenthalt des Dichters in Worpswede. 1898 war Rainer Maria Rilke erstmals Vogelers Gast im Moordorf bei Bremen. 1901 heiratete er hier die Bildhauerin Clara Westhoff. Rechts an der Wand ein Porträt Heinrich Vogelers.

An dem Wandel des Jugendstilkünstlers Heinrich Vogeler zum sozial engagierten Aktivisten scheiterte auch seine Ehe mit der Worpsweder Lehrertochter Martha.

1920 zog Martha mit den drei Töchtern in das im Schluh (Sumpf) errichtete alte Bauernhaus. Links der Blick aus einem der Gästezimmer im Haus im Schluh.

Heute dürfen die Gäste des Haus im Schluh in der alten Wohnstube frühstücken. Unter dem Vogeler-Gemälde, das seine Frau Martha im Birkenwäldchen zeigt. Auf dem Tisch ein von Vogeler entworfenes Geschirr.

In dem von Heinrich Vogeler entworfenen Worpsweder Bahnhof (links das Gebäude von außen) findet sich heute eine Gaststätte. Umgeben von den Möbeln und Dekorationen des Jugendstilmeisters kann sich der Gast zurückträumen in die Zeit um 1900, als Vogeler noch glaubte, die Welt durch Schönheit verändern zu können.

Wo man sich trifft in Worpswede. Die Music Hall, der ehemalige Ballsaal des Hotel Stadt Bremen, hat sich zu einer wahren Kultstätte für Musiker und Kabarettisten aus aller Welt entwickelt. Der britische Rockgitarrist Eric Clapton, der Münchener Kabarettist Dieter Hildebrandt, Musiker aus Las Vegas, Leipzig, Südeuropa. Die Künstler lieben den Abstecher ins Teufelsmoor.
Im Café Central (oben) wird philosophiert, bramarbasiert, geplaudert. Wie das berühmte Café Central in Wien ist es ein Ort, wo man sich zwanglos trifft. Literarische und musikalische Veranstaltungen gibt es neuerdings auch.

Das 1925 fertiggestellte Kaffee Worpswede (im Volksmund: Café Verrückt) ist der bizarrste Entwurf des Architekten, Bildhauers und Malers Bernhard Hoetger, der bis 1933 am Weyerberg zu Hause war. Der Lebensbaum ist das Zentrum des Saals, in dem man heute vorzüglich speisen kann. Oben die Außenansicht des Gebäudes.

Unter Buchen auf dem Weyerberg kann jeder seine Gedanken aufs Schönste spazierengehen lassen. Zwischen den dunklen Stämmen rechts von der Mitte ist am Horizont die Turmspitze der Zionskirche zu entdecken.

Bernhard Hoetger schuf auf dem Friedhof neben der Zionskirche die Gedenkstätte für die bedeutendste Künstlerin von Worpswede, Paula Modersohn-Becker. Sie war 1907, wenige Tage nach der Geburt ihres Kindes, im Alter von nur 31 Jahren gestorben. Hoetger hatte den Rang ihres malerischen Werkes früher als die meisten erkannt.

DER ROTE HOF

Heinrich Vogeler machte sich nach der Jahrhundertwende Schritt für Schritt auf den Weg heraus aus dem Elfenbeinturm. Die Straße sollte ihn letzten Endes bis nach Kasachstan führen, wo sein abenteuerliches Leben zu Ende ging und der Schlußstein einer der bizarrsten Künstlerbiographien der letzten hundert Jahre gesetzt wurde.

Die Ausstattung der Güldenkammer im Bremer Rathaus wurde zum Höhepunkt seines Schaffens als Meister des kostbaren Stils. 1908 gründete er zusammen mit seinem Bruder Franz die „Worpsweder Werkstätte". Sein Traum vom Paradies auf Erden hatte Risse gekriegt. Nicht nur weil Martha Vogeler ein Mensch und kein Engel war, sondern auch weil Vogeler auf Reisen nach England, Ceylon, Frankreich und immer wieder nach Berlin die soziale Wirklichkeit erlebte. Aber – und das ist wohl das Phänomenale, Faszinierende an dieser irrlichternden Künstlerpersönlichkeit – kaum war der erste Traum vom paradiesischen Gesamtkunstwerk ausgeträumt, machte sich Vogeler auf zu einem neuen Utopia. Zunächst wieder ganz real mit dem Entwurf von Arbeiterwohnhäusern und der Fertigung von Serienmöbeln. Berühmt geworden sind seine Tulpenmöbel aus der „Worpsweder Werkstätte". Daß sie die Zeit überdauert haben, kann jeder feststellen, der heute das Glück hat, im „Haus im Schluh" übernachten zu dürfen, wo der Gast, in einem alten Vogeler-Sessel sitzend, in ein Wäldchen schaut, das einem Vogeler-Bild entsprungen sein könnte.

Diese noch ganz im Jugendstil träumende Idylle ist der rechte Platz, um sich die unglaubliche Wandlung vor Augen zu führen, die aus dem Bremer Bürgersohn Vogeler einen kommunistischen Revolutionsstrategen werden ließ, der den Barkenhoff zu einer Kommune und Arbeitsgemeinschaft umfunktionierte, wo jährlich über zehntausend Menschen Arbeit und Hilfe fanden.

Vogelers Schlüsselerlebnis war der Erste Weltkrieg, in den er als Freiwilliger zog. 1918 schrieb der Künstler direkt an den deutschen Kaiser. Er klagte ihn an und forderte Wilhelm II. auf, sofort Frieden zu schließen. Dieser Brief hätte ihn fast das Leben gekostet. Mit der Einweisung in eine Nervenheilanstalt kam er glimpflich davon. Genauso wie Vogeler zwanzig Jahre vorher als Botschafter eines paradiesischen Gesamtkunstwerkes seine Ideen in die Tat umgesetzt hatte, so wurde er auch jetzt als Prophet einer vom Kommunismus beglückten Welt pragmatisch. 1919 wandelte er den Barkenhoff in eine Siedlungsgemeinschaft um, der später eine Arbeitsschule folgte. Ein Auszug aus der Hausordnung zeigt, wie spartanisch es nun zuging auf dem Barkenhoff: „Der Tag beginnt um sechs Uhr, so daß vor dem Frühstück Zeit zum Baden und Turnen ist... Die Kinder der Gemeinschaft sind bei leichten Arbeiten heranzuziehen, damit in ihnen der Sinn für gegenseitige Hilfe geweckt wird. Auf das Spielen der Kinder ist so einzuwirken, daß diese spielend zur Produktion übergeführt werden." Rilkes „glückliche Sonntage" auf der „Insel der Schönheit" waren endgültig dahin.

Heinrich Vogeler ließ sich gern vor dem Dielentor seines Barkenhoff fotografieren. Den Haussegen über der Tür hatte ihm Rilke gewidmet.

Nachdem zunächst scharenweise Linksintellektuelle, Kriegsheimkehrer, Arbeitslose, Entwurzelte auf der Suche nach einer neuen Heimat den Hof bevölkert hatten, kamen in der zweiten Phase hilfesuchende Arbeiter. Gruppen der deutschen Jugendbewegung steuerten Worpswede an, um diesen Mikrokosmos der „zukünftigen Gesellschaft" zu bewundern. In der nahen Umgebung und anderswo wurden ähnliche Siedlungsprojekte gegründet. Vogeler reiste durch Deutschland, um für die kommunistische Idee zu werben und von ihrer Verwirklichung auf dem Barkenhoff zu erzählen. Sein Freund, der Bremer Kaffeekaufmann Ludwig Roselius, hatte ihn einige Zeit unterstützt. Aber weder die Kommune noch die Arbeitsschule waren von langer Dauer. Der Barkenhoff ging erst mal pleite.

Wenn das Künstlerdorf am Teufelsmoor in den Anfängen Schlagzeilen in den Feuilletons der deutschen Zeitungen gemacht hatte, so geriet es in den zwanziger Jahren auf die politischen Seiten der internationalen Presse. Die „Rote Villa" am Weyerberg erschreckte die Bürger. Die Ängstlichkeiten und Gegensätze in den Auseinandersetzungen sind uns heute nicht unbekannt. Kommunarden, Republikanische Clubs, Demonstranten, Häuserbesetzer. Die Gesellschaft reagierte auf diese Veränderungen nicht anders als fünfzig Jahre vorher auf die Weltverbesserer des Barkenhoffs.

Von 1923 bis 1932 richtete die „Rote Hilfe Deutschland" in dem Vogeler-Haus ein Heim für Kinder politischer Gefangener und Verfolgter ein. Dem Kuratorium des Kinderhilfswerks der „Roten Hilfe Deutschland" gehörten neben Vogeler unter anderem an: die Künstler Heinrich Zille und Georg Kolbe, die Schriftsteller Heinrich und Thomas Mann, Ernst Toller, Max Brod, der Physiker Albert Einstein, die Verleger Gustav Kiepenheuer und Samuel Fischer, der Schauspieler Gustaf Gründgens, der Philosoph Martin Buber. Die geistige Elite Deutschlands engagierte sich für die Sache. Das verhinderte nicht, daß ein Landrat dem Projekt Barkenhoff immer wieder mit der Schließung drohte. Der Vorwurf lautete, die Kinder würden dort politisch indoktriniert. Zu Lämmerschäfchen sollten sie in der Tat nicht erzogen werden. Auf geradezu rührende Weise wurde zum Beispiel in dem

„Barkenhoff-Abendlied“ am Ende jeden Tages die soziale Ungerechtigkeit der Welt besungen:

Hinterm Weyerberg scheint der Mond hervor
und der Nebel steigt aus dem Teufelsmoor.
Wieder ist der Tag vollbracht
und nun heißt es Gute Nacht.
Mütterlein zu Hause, vier Treppen hoch,
an der Nähmaschine sitzt sie noch.
Hat an mich den ganzen Tag gedacht,
Mütterlein, jetzt Gute Nacht.
Hinter Mauern und Eisengittern schwer
geht ein Vater ruhlos hin und her.
Und er denkt, was wohl sein Kindchen macht
und er wünscht ihm Gute Nacht.
Doch die Arbeit, die hat niemals Ruh
und die Hämmer dröhnen immerzu
in Fabrik, in Werk und Schacht
wächst die Freiheit über Nacht!

Rilke-Poesie im Trivialton. Auch hier herrscht Hochgestimmtheit. Sie kommt aus dem Arbeiteralltag und nicht aus dem Künstlersonntag. Das Spannungsfeld der Geschichte des Barkenhoffs, das zwischen Rilke und dem Nachtlied literarisch abgesteckt wird, ist einmalig und im Kern ganz ungeheuer typisch deutsch. Typisch ist wohl auch, daß ein Großteil der Besucher heute in Worpswede wieder nur die Idylle sucht und die künstlerischen und sozialen Aufbrüche ausspart.
Der Besitzer dieses Experimentierfeldes im Moor, Heinrich Vogeler, der für seine Ideen Hab und Gut aufs Spiel setzte, wurde derweil von der „kommunistischen Bonzokratie“ hart gebeutelt. Und nicht nur das. Sein alter Freund Mackensen, der sich sehr bald den Nationalsozialisten anschloß und Mitglied der Soldatenorganisation „Stahlhelm“ wurde, war in den zwanziger Jahren einer seiner ärgsten Feinde.
Vogeler wurde aus der KPD hinausgeworfen, obwohl er unter den Künstlern der dauerhafteste Enthusiast einer Weltveränderung unter sozialistischen Vorzeichen war. Er schmückte die Diele des Barkenhoffs mit Wandbildern, die mit heißem Herzen für eine bessere Welt plädierten. Gefängnissturm, Kampf der farbigen Völker, Das schöpferische Leben der Kinder in der kommunistischen Gesellschaft – dies waren Themen der Bilderszenen. Der mexikanische Künstler Diego Rivera, der auf der Durchreise nach Moskau in Worpswede Station machte, soll sie bewundert haben, und die These ist nicht aus der Luft gegriffen, daß ihn Vogeler-Bilder stark beeinflußt haben bei seinen weltbekannten Wandgemäl-

den der Revolution in Mexiko-City. Die Wandbilder des Worpsweders wurden nicht weltbekannt, sondern erst mal zugehängt. Wieder hatte ein Landrat, der den Staat in Gefahr sah, seine Hand im Spiel. Später wurden die Bilder, denen so viel Macht zugetraut wurde, zugenagelt. Ab 1932, als das Kinderheim Barkenhoff aufhörte zu existieren und das Anwesen immer wieder den Besitzer wechselte, wurden die Vogeler-Wandbilder, bis auf Rudimente an der Kaminhaube, zerstört.

Vogeler, der sich selber am liebsten im Profil malte, den Blick nach vorn gerichtet, war in den zwanziger Jahren von Worpswede aus zu einem unsteten politischen Wanderleben aufgebrochen. Martha und die drei Töchter hatten sich von ihm getrennt. Noch heute gehört in diesem Zusammenhang Vogelers Verhältnis zu der „roten Marie" und Marthas Liaison mit einem verkrachten Jurastudenten zu den liebsten Worpsweder Klatschgeschichten. Wobei Klatsch und Tratsch in dem Künstlerdorf ohnehin Lebenselixier waren und sind.

Die polnische Marxistin Sonja Marchlewska wurde die zweite Frau Heinrich Vogelers, nachdem er sich von Martha getrennt hatte.

Mit der polnischen Marxistin Sonja Marchlewska, die einige Zeit auf dem Barkenhoff ansässig wurde und die er später heiratete, reiste Vogeler 1923 zum erstenmal in die Sowjetunion, in das Land seiner Hoffnung. Er hielt Vorträge im Berliner Sportpalast und wurde Mitbegründer der „Association revolutionärer bildender Künstler Deutschlands" (Asso). In den dreißiger Jahren ließ er sich endgültig in Moskau nieder. Seine finanziellen Verhältnisse waren bedrückend. Er arbeitete viel. Noch 1940 wurde eine Einzelausstellung von ihm in Moskau gezeigt. Ein Jahr später wurde er nach Kasachstan evakuiert, wo er am 14. Juni 1942 starb; zuletzt sehr unglücklich, verlassen von der Euphorie und dem Sendungsbewußtsein, das ihn früher durchs Leben getragen hatte. Sein Erbe ist zweigeteilt wie sein Leben. Eine Wiedervereinigung des in der ehemaligen Sowjetunion und der ehemaligen DDR gehüteten Nachlasses aus der zweiten Phase seines Lebens mit den im Westen aufbewahrten Werken aus der ersten Zeit zu einer Ausstellung in Worpswede, war eine Leistung des Jubiläumsjahres 1989.

HAUS IM SCHLUH

Es ist Martha Vogeler und den drei Töchtern zu verdanken, daß das Haus im Schluh heute die zweite, kleinere „Gralsburg" des Künstlers in Worpswede ist, und zwar fast unangefochten die dem Jugendstil und dem Kunsthandwerk geweihte. Schluh heißt Sumpf. Kleine Schlickgräben ziehen sich um das Grundstück und halten das Anwesen trocken. Vogeler hatte seiner Frau 1920 ein altes Bauernhaus gekauft und es im Schluh aufstellen lassen. Bei der Trennung nahm Martha die Einrichtung des Barkenhoffs mit ins neue Domizil. Nicht nur die alten Vogeler-Möbel, sondern auch die Bilder- und Grafiksammlung ihres Mannes. So kann der Gast heute in einem Himmelbett aus der Tulpenserie schlafen. In einem später noch zusätzlich in den Sumpf gesetzten Fachwerkhaus ist unter anderem eine Gemäldekuriosität zu sehen. Ein Bild von 1905 mit dem Titel „Liebesleben in der Natur". Als Gemeinschaftswerk wurde es gemalt von Paula und Otto Modersohn, Martha und Heinrich Vogeler und der vierjährigen Marieluise. Zu sehen sind selige Liebespaare in einer Vollmondnacht. Zu schön, um wahr zu sein.

Das Vogeler-Ambiente wird im Schluh mit großer Liebe gepflegt. Wer durch die blumengeschmückten Räume in den buchsbaumgesäumten Garten geht, fühlt sich zurückversetzt in eine Zeit, in der die Äpfel noch dufteten und das Maß aller menschlichen Fortbewegung die Schnelligkeit der Füße war.

Im Nebengebäude stehen mehrere Webstühle. Sie sind viel in Betrieb. Und manchmal kann den Laien in Betrachtung der Ausübung dieses alten Handwerks der ketzerische Gedanke überkommen, daß die Erfindung des mechanischen Webstuhls doch sehr segensreich ist.

WER'S MAG, MAG'S MÖGEN: HOETGER

Vogeler hatte das Ländliche, die Natur vor allem, in seinem Werk stilisiert. 1914 kam der Bildhauer und Architekt Bernhard Hoetger nach Worpswede, der dem Dorf seinen bis heute außergewöhnlichsten Stempel aufdrücken sollte. Der 1874 in Westfalen geborene Künstler hatte in Paris Paula Modersohn-Becker kennengelernt. Er hatte die Bedeutung ihres Werkes gesehen und trug dazu bei, daß viele wichtige Bilder der Malerin nach ihrem Tod in die Sammlungen der Kunstmäzene Roselius in Bremen und von der Heydt in Elberfeld kamen. „Es wurde mir in den Jahren immer klarer, daß eine Landschaft, in deren Luft eine Kunst wie die der Paula Modersohn groß werden konnte, auch für mein Schaffen die rechte Atmosphäre sein müßte."[17] Diese Äußerung Hoetgers, mit der er seinen Umzug von Darmstadt, wo er eine Professur an der Kunstschule des Großherzogs gehabt hatte, nach Worpswede begründete, klingt gut. Doch unterscheidet sich seine Kunst, die in vergangenen Kulturen ihre Vorbilder fand, so sehr von den nach vorne gerichteten Bestrebungen der Paula Modersohn-Becker, daß andere Gründe sehr wahrscheinlich sind. Hoetger war ein unruhiger Geist, der nirgendwo lange Wurzeln schlug, sich immer wieder von Neuem faszinieren ließ, Aufbrüche nicht scheute. Seine Worpsweder Zeit wurde begleitet von dem Kaufmann Ludwig Roselius in Bremen, der sein Mäzen und Freund wurde.

Was zwanzig Jahre vorher Vogeler getan hatte, machte jetzt auch Hoetger. Er kaufte sich ein kleines Bauernhaus in Worpswede und formte es nach seinem Bilde. Es wurde etwas Schloßartiges, monumental gekrönt von zwei Türmen: der Brunnenhof. 1923 ging dieser bombastische Haustraum, der in das Dorf paßte wie „Die Faust aufs Auge", in einem großen Feuer unter. Doch vorher hatte er den hannoverschen Keksfabrikanten Hermann Bahlsen so tief beeindruckt, daß dieser Hoetger bat, für ihn die TET-Stadt zu bauen. TET ist die Hieroglyphe für den Bahlsen-Dauerkeks. 1917 wurde das Modell in Hannover vorgestellt. Einen guten Eindruck von dem eklektischen Größenwahn, mit dem diese ägyptisierende Kuchenfabrik in die deutsche Provinz gestellt werden sollte, vermittelt eine Satire, die damals in einer Zeitung erschien: „Vor dem Ganzen stand die altägyptische MEM-Säule, die noch höher als der Turm von Babel werden sollte und deren Kuppel ein kolossaler schokoladenfarbener Mohrenkopf krönte. Die Maschinenhallen sahen wie gotische Kirchen aus und dazwischen standen Pyramiden, vor denen Figuren mit Löwen- und Sphinxköpfen zu sehen waren, die Kuchen und Kringel im Maule hatten. Da gab es Portale, in die man mit Ehrfurcht und Schaudern wie in einen ägyptischen Tempel hinein-

ging, und in einem dieser Tempel stand ein schwarzer Altar aus Marmor, auf dem sollten stets die frischen Torten auf goldenen Tellern zur Schau gestellt werden."[18]
Die TET-Stadt wurde nicht gebaut. Realität aber wurde Hoetgers Niedersachsenstein auf dem Weyerberg. Das gigantische Mahnmal zum Frieden gibt heute viel Anlaß zu Streitgesprächen über Sinn und Unsinn solcher Denkmalskunst. Streit hatte der Koloß auch schon provoziert, als Hoetger seinen Entwurf vorstellte. Angeblich soll der Maurer, der den Bau ausführte, dann noch größer gebaut haben, als der Künstler es wollte.
Mehr Identifikation gibt es mit seinem „Kaffee Worpswede", das allgemein „Café verrückt" genannt wird. Als diese Bizarrerie aus rotem Backstein fertig war, 1925, kamen die Künstler des Dorfes hier demonstrativ zu ihren Sitzungen zusammen.
Hoetger hat sein Leben lang tief in die Zitatenkiste der Kulturen gelangt. Wie sehr er ergriffen war von Buddhistischem, Altägyptischem und Afrikanischem ist seinen Bauten abzulesen.
Beim „Kaffee Worpswede" brachte er das Kunststück fertig, asiatischen Pagodenstil mit norddeutscher Backsteinarchitektur zu vereinen. Drinnen sitzen die Menschen in einer neuzeitlichen nordischen Höhle bei offenem Kaminfeuer unter der aus Holz geschnitzten Hoetger-Skulptur „Weltenbaum". Auf der Empore des Hauptraumes bewegte sich damals die mit Hoetger befreundete ägyptische Tänzerin Sent M'ahesa nach einer von ihm erfundenen Choreographie. Vor dem Haus hält sich ein dicker Buddha aus Stein vor Lachen den runden Bauch (eine Hoetger-Plastik von 1912), und am Querbalken des Kaffeehausgiebels ist in Runen imitierender Schrift der Satz zu lesen: „Wer't mag, mag't. Wer't nich mag, de mag't jo woll nich mögen." Nicht hinterindisch ist diese Bauernweisheit, sondern ganz plattdeutsch.

Bernhard Hoetger (1874 – 1949), Bildhauer und Baumeister, prägte das Ortsbild von Worpswede in den zwanziger Jahren mit seinen bizarren Backsteinbauten.

Im Vergleich wird wieder der Wandel der Zeiten deutlich. Heinrich Vogeler ließ in den Türbalken seines Barkenhoffs einen Hausspruch schnitzen, den Rilke ihm gewidmet hatte: „Licht sei sein Loos/Ist der Herr nur das Herz und die Hand/des Bau's,/mit den Linden im Land/wird auch sein Haus/schattig und groß." Hoetger gelang es, sein Café zu einem unvergleichlichen architektonischen Triumvirat im Moordorf zu erweitern, an dem heute kein Besucher vorbeikommt. Zu Füßen des Ensembles aus den zwanziger Jahren wurde der zentrale Parkplatz eingerichtet. Außer einem kleinen Hotel entstand in der Nachbarschaft des Cafés die Große Kunstschau. Weniger verspielt und zitatsüchtig als andere Hoetger-Architektur ist das Museum mit seinem kreisrunden Hauptraum und den Kabinetten heute ein feiner, kleiner Tempel für die Gründerväter der Kolonie. Es dominieren die Werke von Paula Modersohn-Becker und Heinrich Vogeler. Diese beiden Künstler lagen dem

Mäzen Roselius von allen Worpswedern am meisten am Herzen. In der Kunstschau wird seine Sammlung gezeigt, die vor Jahren für den Ort angekauft wurde.
Was Hoetger noch als Mehrzweckraum mit Bühne plante, ist heute nur noch der Kunst der ersten Generation gewidmet. Die Bühne darf nicht mehr betreten werden. Denn dort hängt das Wiegenbild des Jugendstils, Vogelers „Sommerabend auf dem Barkenhoff". Ein Gemälde, zu dem er sich später nicht mehr bekennen mochte.
Zu dem Ensemble gehört als etwas entfernter Ableger auch das unverkennbar von Hoetger gebaute Philine-Vogeler-Haus, in dem heute die Tourismusinformation und ein Ausstellungsraum für zeitgenössische Kunst eingezogen sind. Philine Vogeler war eine Schwägerin des Jugendstilmeisters. Durch ihre Hand gingen viele Bilder, die Worpswede berühmt machten.
Bei dem Worpsweder Ensemble übte Hoetger für den größeren Wurf, die Böttcherstraße in Bremen, wo er für Roselius das Paula-Modersohn-Becker-Haus und das Haus Atlantis baute. Danach verließ er Deutschland für einige Jahre, entnervt von der Kritik an seiner Architektur.
Hoetger blieb als Architekt stets Bildhauer. Er entwarf seine Bauten nicht auf dem Reißbrett, sondern modellierte sie in Ton. Wie Vogeler hatte er einen starken Hang zur Handwerkskunst. 1923 gründete er die „Worpsweder Kunsthütten". Dazu gehörten eine Töpferei, eine Metallwerkstatt, eine Metallgießerei und ein Reklameatelier.
Zu Beginn der zwanziger Jahre plante er am Weyerberg nochmals ein Wohnhaus für sich, das heute noch steht. War beim Brunnenhof alles groß und gewaltig gewesen, so baute er jetzt auf organisch gewachsene Formen und Asymmetrie.

Die Große Kunstschau vereint die Arbeiten der Gründerväter der Künstlerkolonie Worpswede unter einem Dach. Nirgendwo sind die Landschaften und Menschenbilder der ersten Malergeneration in einer solchen Fülle zu sehen wie in diesem 1925 eröffneten Ausstellungsgebäude.

Künstler wie der Goldschmied Hadfried Rinke und seine große Familie – einer seiner Söhne ist der Dramatiker Moritz Rinke – prägen heute das moderne Worpswede. 1958 war Rinke auf der Weltausstellung in Brüssel vertreten. Er ist der Gestalter des Goslarer Kaiserrings, einer der begehrtesten Auszeichnungen für zeitgenössische bildende Künstler. Links der Kaiserring.

Der 1938 in Altenburg/Thüringen geborene Maler, Graphiker und Bildhauer Uwe Häßler kam 1963 nach Worpswede und richtete sich damals im Haus im Schluh ein Atelier ein. Ebenfalls 1963 kam der ein Jahr jüngere Pit Morell in das Dorf am Rande des Teufelsmoor. Er hatte eben seinen ersten Gedichtband veröffentlicht und wurde in freundschaftlicher Verbindung zu Friedrich Meckseper und Horst Janssen als Autodidakt ein erfolgreicher bildender Künstler (oben)

„Laßt dicke Männer um mich sein," sagte Julius Cäsar. Der Bildhauer Waldemar Otto schafft sich so eine Gesellschaft selber. In seinem Atelier am Waldrand modelliert er kräftige Figuren und kümmert sich dabei um kein gängiges Schönheitsideal. Seine Skulpturen bevölkern heute den öffentlichen Raum von Hamburg bis Amerika.

Die 1961 eröffnete „Kunsthalle Friedrich Netzel“ zeigt die Werke der alten und der jungen Worpsweder. Diese traditionsreichste Galerie am Ort hat ihre Wurzeln in einer 1879 von Friedrich Netzel eröffneten Buchhandlung und Buchbinderwerkstatt.

GRÖSSENWAHN UND KLEINMUT

Verspieltheit und Großmächtigkeit gingen bei dem Architekten Hoetger Hand in Hand. Mit seiner nordischen Bauideologie glaubte er, ganz in die Vorstellungen der Erhabenheitsarchitektur des Nationalsozialismus zu passen. 1933 entwarf er ein Deutsches Forum, dessen Zentrum ein hakenkreuzgeschmückter Kultsaal bildete. Aber die Nazis sahen seine Arbeit anders. Für sie war er ein „entarteter Künstler". Hoetger starb 1949 mit 75 Jahren in der Schweiz, wohin Freunde den Erkrankten geholt hatten.

Auch Paula Modersohn-Becker wurde als „entartete Künstlerin" diffamiert. 54 Prozent der Einwohner von Worpswede hatten im März 1933 die NSDAP gewählt. In den Dörfern des Teufelsmoors begann eine Verhaftungswelle. Juden, Kommunisten und Sozialdemokraten wurden verfolgt. Denunzierungen waren an der Tagesordnung. Der Wahnsinn des Tausendjährigen Reiches machte vor dem Künstlerdorf keineswegs halt. Die Stadtflucht der Kunst in die Natur wurde jetzt im Sinne der Nazis fatal als Heimatkunst mißverstanden. Das Heimattümelnde, eine latente Gefahr für die in der Abgeschiedenheit entstehende Kunst von Anfang an, wurde jetzt offizielle Doktrin. Fritz Mackensen gründete 1933 den „Kampfbund für deutsche Kultur, Ortsgruppe Worpswede". Während des Krieges (1941) meldete sich der 75jährige Maler in Majorsuniform zum Einsatz in Frankreich. Heinrich Vogelers älteste Tochter Marieluise emigrierte mit dem Schriftsteller Gustav Regler nach Mexiko. Viele zogen einfach den Kopf ein, um am Ort zu überleben. Man paßte sich an. Widerstand war eine Kraft, die im Worpsweder Klima nicht gedieh. Während das Moordorf im Ersten Weltkrieg wie eine Insel gewesen war, verstrickten sich die Menschen im Zweiten Weltkrieg unheilvoll in die politischen Geschäfte.

Am Weyerberg hatte sich in den zwanziger Jahren der wandervogelbewegte Manfred Hausmann von dem Erlös seines Romans „Lampion küßt Mädchen und kleine Birken" ein Haus bauen können. Während der Nazizeit durfte unter seinem Dach frei geredet werden. Aber vor der Tür hielt man den Mund und distanzierte sich auch nicht. Nach 1945 war Hausmann von den Künstlern im Dorf der prominenteste.

Manfred Hausmann (1898 – 1986) lebte viele Jahre als freier Schriftsteller in Worpswede. In seinem Haus trafen sich die Künstler.

RICHARD OELZE

Wer wußte zu der Zeit schon von Richard Oelze? Der Künstler, der immerhin fast ein Vierteljahrhundert in Worpswede lebte, war lange Zeit in Paris und New York bekannter als in Deutschland. Sein Gemälde „Erwartung" hängt seit Ende der dreißiger Jahre im Museum of Modern Art, New York. 1936 und 1942 hatte er an den großen Surrealismus-Ausstellungen in London und New York teilgenommen.

Richard Oelze (1900 – 1980) war ein Einzelgänger. In Worpswede wohnte er in einem winzigen Haus und malte dort einige seiner größten Bilder.

Den Surrealisten Richard Oelze hatte es 1939 ins Moordorf verschlagen. Er wohnte in einem winzigen Haus. Bei der großen Oelze-Retrospektive, die 1987 in der Akademie der Künste, Berlin, gestartet wurde, fragte sich der Besucher fassungslos, wie die mit feinstem Pinsel gemalten, großformatigen Bilder unter den notdürftigen Bedingungen des Worpsweder Ateliers entstehen konnten. Oelze malte/zeichnete Traumbilder der Angst in meisterlicher Manier. Die Bannung innerer Gesichter geschah bei ihm mit einer künstlerischen Akribie ohnegleichen. Die Moorlandschaft war seinen visionären inneren Landschaften sehr verwandt.

Die Schriftstellerin Hedwig Rohde, die 1951 Oelzes Frau wurde, schrieb über das Moor: „Wer länger in Worpswede lebt, der verfällt dieser Urlandschaft, unfehlbar. Das Moor, weit davon entfernt, idyllisch vorgeschichtliche Natur; ihr standzuhalten erfordert eine Kraft, die der Mensch von heute kaum aufbringt. In den meisten Fällen schwächt das Moor, es frißt an der Lebenskraft dessen, der auf gesichertem Boden gehen lernte. Nur wenigen gelingt es, sich ohne Verluste zu ergeben, indem sie die gefahrvolle Begegnung verarbeiten."[19]

Wieland Schmied, der 1964 in der Kestner-Gesellschaft, Hannover, zum erstenmal in Deutschland den 1900 geborenen Künstler umfassend vorstellte, schrieb über den menschenscheuen Einzelgänger: „Er wechselte ständig die Orte, immer alles zurücklassend, Bilder, Vergangenheit, Bruchstücke des Schicksals, Ballast. Wie sollte er das alles mitschleppen? Die Bilder vergaß er in Ausstellungen abzuholen oder die Concierge behielt sie zurück für ausständige Miete, der Wirt für Schulden in der Kneipe oder im Café. Aber von keinem hat er vergessen, wie es aussah, was darauf war, die Gesichter, die Gesichte."[20]

Oelze, der am Bauhaus Weimar studiert hatte, wurde in den sechziger und siebziger Jahren mit vielen Preisen ausgezeichnet. Er nahm an der Documenta II 1959 in Kassel teil und vertrat die Bundesrepublik (zusammen mit Horst Janssen und Gustav Seitz) 1968 bei der Biennale in Venedig.

Als die Royal Academy London 1985 eine Retrospektive der Kunst in Deutschland im 20. Jahrhundert zeigte, war Richard Oelze mit seiner grandiosen Bildvision „Erwartung“ dabei. Das Gemälde, das der Künstler 1935 in grau-grün-beigen Farbtönen auf die Leinwand brachte, wird immer wieder zitiert, wenn es darum geht, inwieweit in der Kunst kommendes Unheil vorausgeahnt wird. „Erwartung“ zeigt eine Gruppe von Menschen vorne im Bild, die dem Betrachter den Rücken zukehrt. Die elegant gekleideten Männer und Frauen starren in die Ferne, wo sich über der wie mit Scheinwerfern erleuchteten Landschaft dunkle Wolkenfelder zusammenschieben. Die Interpretation, daß hier eine Vorahnung des aufziehenden Krieges gemalt wurde, liegt auf der Hand. Verblüffend ist aber auch das Formale. Welcher Maler mutet dem Betrachter schon Menschen zu, von denen nur der Rücken zu sehen ist? Der Berliner Künstler Dieter Hacker hat diese Komposition 1984 in einer Hommage an Richard Oelze aufgegriffen und variiert.
Oelze malte in seiner Worpsweder Zeit einige seiner wichtigsten Bilder: „Amphibienlandschaft“, „Pflanzennebel“, „Baum-Ur“. Die Titel bringen die Werke in Beziehung zu der Landschaft, in der sie entstanden. Die barocken Verformungen in der für Oelze typischen Traumspinnerei eines genialen Surrealisten machen sie unverwechselbar.
1962 kehrte Richard Oelze Worpswede den Rücken. Er zog mit der Dichterin Ellida Schargo von Alten nach Schloß Posteholz bei Hameln, wo er 1980 starb. Die letzten Jahre hatte er kaum noch das Haus verlassen. In Worpswede ist er mehr als einzelgängerischer Kauz denn als großer Künstler in Erinnerung. Genau umgekehrt sollte es sein!

KOMPOSTHAUFEN FÜR KÜNSTLER

Eine noch gar nicht so recht gewürdigte Qualität des Moordorfes ist, daß hier Käuze, Außenseiter, Originale mehr zum Strahlen gebracht werden als in den Metropolen. Die Provinz provoziert Geschichten und pflegt die Erinnerung an sie. Die Großstadt hat ein kurzes Gedächtnis. Daß einmal ein trunkener Künstler in den Ostergottesdienst der Dorfkirche hineinplatzte und vom Pfarrer sofort und auf der Stelle das Abendmahl verlangte, weil der liebe Gott das so bestimmt habe, das ist eine von den Worpsweder Geschichten, die immer wieder und jedesmal schöner erzählt werden. Es war nicht Tetjus Tügel. Aber er hätte es sein können. Der 1973 verstorbene Dramatiker, Romancier, Dichter und Zeichner war eins der gewaltigsten Originale im Moordorf und zudem ein großer Sänger vor dem Herrn.

In den fünfziger Jahren, als das Geld bei den Künstlern in Worpswede knapp war, bewährte sich der Ort wieder als „Komposthaufen" für Talente. Der Schriftsteller Wolfgang Weyrauch ließ sich am Weyerberg nieder. Gustav Schenk veröffentlichte das Buch „Gesichter aus Worpswede". Das schönste Porträt gelang ihm mit sich selber: „Als Sohn eines Handwerkers wurde ich 1905 in Hannover geboren. Nach seinem Tod hinterließ mir mein Vater eine Freiheit, die ich als 15jähriger schwerlich gut verwalten konnte, aber daß er sie mir ohne jegliche Mittel hinterließ, dafür bin ich ihm noch heute dankbar"[21], schrieb dieser Lebenskünstler, den es in seiner Jugend, hungrig nach Geist und Abenteuer, durch die Welt trieb: „Ich aß die gedörrten Fische und das gesäuerte Brot der Araber, ich schlief in den Kasematten der Legionäre von Sidi-bel-Abbes und Colon-Béchar, ich hörte das Singen des Sandes im Tafilalet Südmarokkos hinter den Forts Bou-Ananae und Bou-Denib. Mit blauem Drillichanzug, weißem Seidenschal, Turnschuhen und einer Feldflasche, aber ohne Hemd, durchquerte ich einen Teil der westlichen Erg der Sahara und verehrte in einer Oase der Palmstraße, die sich in die Wüste der Wüsten richtete, das weiße Mauerwerk, darin einstmals der große Charles de Foucauld seine erste Einsiedelei aufgeschlagen hatte. Unvergessen sind die Hungermärsche in den Pyrenäen, die Nächte im Asyl de nuit zu Marseille..."[22] Was diesen Weltenbummler veranlaßte, seine Zelte am Rande des Teufelsmoors aufzuschlagen, ist eins der Geheimnisse von Worpswede.

Großstadtmüde und heimlich hoffend auf eine Gruppe Gleichgesinnter in der ländlichen Einsamkeit, siedelte sich in den sechziger Jahren erneut eine junge Künstlergeneration am Weyerberg an. Friedrich Meckseper wurde der bekannteste unter ihnen. Der 1936 in Bremen geborene Maler hatte in Stuttgart und Berlin studiert. 1961 kam er nach Worpswede. Seine Graphiken und Gemälde wurden bald teuer gehandelt. Sie zeigen phantastische Raumwelten, in denen mechanische Geräte seltsam faszinierend die Hauptrolle spielen. Meckseper hatte nach der Schulzeit eine Mechanikerlehre absolviert. Seine verspielt surrealistischen Weltbühnen entstanden zu einer Zeit, als die Pop-art zu ihrem Siegeszug gegen den guten Geschmack aufbrach. Gleichzeitigkeit des Ungleichen!

Auf den Kölner Kunstmärkten Ende der sechziger Jahre, wo die neue Art frech und schön ihre Messen feierte, trat Mecksepers feinziselierte Kunst leise an gegen „Campbell's Suppendosen" (Andy Warhol), „Traumfrauen aus Comic-Heften" (Richard Lindner) sowie mit „Margarine und Filz bepackte Schlitten" (Joseph Beuys). Revolutionen der Kunst wurden in Worpswede nie angezettelt. Dazu bedarf es wohl großstädtischer Reibungsflächen. Aber ein einmaliger dörflicher Schmelztiegel ließ immer wieder neue Talente heranwachsen. Der Künstler kann hier Einzelgänger sein, ohne der zerstörerischen Wolfseinsamkeit der Großstadt ausgesetzt zu sein. Er findet im Dorf noch eben um die Ecke Gleichgesinnte und die richtige Kneipe, zu der ein Großstädter in der Regel erst lange Fahrten mit der U-Bahn, S-Bahn oder dem Bus hinter sich bringen muß. Die Sehnsucht, den zu treffen, auf den sich grad zufällig die Gedanken richten, hat hier mehr Chancen, wahr zu werden, als anderswo. Ein allzu gemütlicher Komposthaufen? Für kleine Fluchten stehen heute mehrmals täglich Schnellbusse bereit.

VÄTER UND SÖHNE

Pit Morell und Uwe Häßler verhelfen Worpswede zu neuem Künstlerglanz. Otto Modersohns Sohn Christian kehrt 1957 nach Fischerhude zurück. Die künstlerische Kontinuität dieser Familie ist ungewöhnlich. Christian Modersohn malt. Wie sein Vater. Sein Sohn Heinrich, 1948 geboren, wird Künstler, wie sein Vater, sein Großvater und sein Urgroßvater mütterlicherseits. Wobei immer im Auge zu behalten ist, was es bedeutet, sich für so eine freie Existenz ohne Netz und Boden zu entscheiden.

Heinrich Modersohn läßt sich von Landschaft inspirieren wie sein berühmter Großvater. Er setzt seine Eindrücke dann aber künstlerisch ganz anders um. Seine Pinselzeichnungen auf Papier, Seide und Nessel zeigen Wasserstrudel und Landschaftsformen, die zu abstrakten Bildstrukturen werden. Heinrich Modersohn gehört zu der jungen Künstlergeneration in und um Worpswede, die heute neben dem Hauptstrom der alten Moordörfler, denen das Interesse der meisten Besucher gilt, glücklicherweise eine starke Unterströmung bilden.

Die optische Dominanz des Kunstgewerbes ist eine Sache für sich, hat aber in Heinrich Vogeler und Bernhard Hoetger durchaus ihre Traditionsväter. Auch die Tradition des Tagebuchschreibens wird noch heute gepflegt. Eine der Kunstgewerblerinnen im Dorf hat es bisher auf 3000 Seiten gebracht.

Durch die Worpsweder Dorfgeschichte der letzten hundert Jahre zieht sich wie ein roter Faden das Thema Künstlerkinder. Ein echtes Artistenkind ist der Dichter Johannes Schenk, der im Spagat zwischen Kreuzberg, Berlin und Worpswede, Teufelsmoor, lebt. „Johannes Schenk hat den rollenden Seemannsgang in die deutsche Gegenwartslyrik eingebracht", hieß es in einer Besprechung seines 1988 erschienenen Gedichtbandes „Bis zur Abfahrt des Postdampfers": „Er gehört zu den Außenseitern, den Alleingängern unter den deutschen Gegenwartslyrikern. Schon als er – in Zusammenhang mit der Bewegung von 1968 – an die literarische Öffentlichkeit trat, tat er dies nicht als Intellektueller, sondern – Schenk war Seemann – als einer von unten."[23]

„Ein Poet der Basis also. Einer, der aus vollem Herzen und mit vollem Mund dichten konnte, daseinsverliebt, erotisch sensationiert, auch gesellschaftskritisch, nie jedoch ideologisch-verhaftet."[24]

Sein Vater Gustav eroberte die Welt zu Lande, Johannes (Jahrgang 1941) befuhr die sieben Weltmeere. Sein Anker in Worpswede ist ein ausgedienter Bauwagen. In dem wohnt er wie der Nichtraucher in Erich Kästners

„Fliegendem Klassenzimmer", dem ein alter Eisenbahnwaggon als Dach überm Kopf diente. Mit ihm wohnt die Malerin Natascha Ungeheuer. Über ihre phantastisch grotesken Bilder schrieb Johannes Schenk:

hier sitzen die Damen in rosa
Kleid, die Herren in gestreiften Zylindern
vor ihren Händen und Fingern,

goldberingten
das Schach ihres Lebens. Das teure das unbezahlbare:

Für uns draußen
im Bus im Vorbeifahren im Vorbeisehen im Vorbeigehen.

Das Leben, das aufgemalte. Das Fest über unseren Mützen,
dadrunter all unsere Köpfe,
die noch unbezahlten.
Die alles tragen müssen,
Noch,
die Gesichter im Schrott der Straße.[25]

Sein Bruder, der Maler und Graphiker Tobias Weichberger, betrachtete die Worpsweder Kleinwelt am liebsten durch die Brille von Scherz, Satire und Ironie. Seine Bilder stehen in der Tradition des magischen Realismus. Sie machten Anfang der achtziger Jahre Schlagzeilen, als aufflog, daß in Italien massenhaft hergestellte Fälschungen an deutsche Einrichtungshäuser verkauft worden waren.
Tobias Weichberger wohnte in einem der ältesten Gebäude des Dorfes. Vor vielen Jahren war die Gemeindeverwaltung mit diesem Domizil zufrieden. Heute hat sie ihren Sitz in einem großen restaurierten Bauernhof. Alles wächst. Auch in Worpswede. Nur nicht unbedingt die Ateliers der Künstler. Der Maler und Grafiker ist mit seiner Unterkunft zufrieden. Nebenan steht eine Druckpresse, die er mitbenutzen kann. Seine Ansprüche sind die eines Bohemiens. Auf deutsch: Lebenskünstler. Im Gewusel der Kunstvermarktung ist er so etwas wie ein Solitär. Einmalig und unbeteiligt.

KUNST-FÖRDERUNG HEUTE

Beflügelt wurde die aktuelle Kunstszene am Weyerberg durch zwei Institutionen, die sich die Förderung junger Künstler zum Ziel gesetzt haben. 1945 kam der Maler und Illustrator Martin Kausche nach Worpswede. Seiner Initiative ist das „Atelierhaus" zu verdanken. Künstler aus aller Welt waren und sind hier zu Gast. Da leben für ein paar Monate Wand an Wand zum Beispiel ein deutscher Maler, eine Dichterin aus Israel, ein japanischer Meister des Zen-Buddhismus, ein Musiker aus London.

Manchmal bleiben die Gäste in Worpswede hängen. Der Bildhauer Waldemar Otto, dessen schwerleibige Menschenskulpturen in Norddeutschland viel Freund und viel Feind haben, kam 1976 als Gast des „Atelierhauses" und blieb. Im selben Jahr entschloß sich die Malerin Frauke Migge zur Ansiedelung im Moordorf. Auch der englische Maler und Grafiker Bryan Ingham verbrachte viele Jahre den Winter in Worpswede und den Sommer in Cornwall.

Seit 1981 sind auf dem Barkenhoff Stipendiaten-Ateliers eingerichtet. Der Vogeler-Hof ist heute eine Stiftung. Es werden dort im Wechsel Ausstellungen aktueller Kunst und Präsentationen aus der Geschichte des Künstlerdorfes gezeigt.

Um die Jahrhundertwende war Worpswede Ausflugsziel der Bremer. Heute ist es beliebter Wohnvorort der Großstädter. Die Kinder und Enkel der Moorbauern haben davon manchmal profitiert, indem sie Land und Hof verkauften. Wer heute noch Bauer ist, kann davon allein meistens nicht mehr leben. Aber die Nebenerwerbsstellen sind dünn gesät. Die Sozialstruktur des 5000-Seelen-Dorfes ist bemerkenswert: ein Drittel Künstler und Kunstvermarkter, ein Drittel Bauern und ein Drittel Bremer. Diese einmalige Struktur kam zustande, weil 1889 zwei Malerfreunde von der Düsseldorfer Akademie auf einer Brücke im Moor stehenblieben, von der Stimmung hingerissen wurden und blieben.

Die Birke wächst hier schnell und überall. In der flachen Landschaft markiert sie den Raum zwischen Himmel und Erde wie ein Wegzeichen für einsame Wanderer. Der viele Jahre in Worpswede ansässige Schriftsteller Manfred Hausmann verfaßte in den zwanziger Jahren den Erfolgsroman „Lampion küßt Mädchen und kleine Birken."

Von der Teufelsmoorstraße gesehen erhebt sich am Horizont die leichte Rundung des Weyerbergs. Rechts, hinter der dritten kleinen Baumkrone, ist die Turmspitze der Zionskirche zu sehen.

Das Teufelsmoor ist im Herbst von einsamer Schönheit. Die filigranen Birkenstämme haben wenig Halt im nassen Boden. Diese regenerierten Moorflächen bei Hambergen gehören heute wieder der Natur und nicht mehr dem Menschen.

Im Moordorf wird die Tradition gepflegt. Frauen in historischen Gewändern stapeln Torfbrikette aus dem entwässerten Moor. Die Abbauflächen sind längst drastisch verkleinert worden, um die Moorlandschaft zu schützen. Das Torfschiffswerft-Museum nordöstlich von Worpswede informiert über das alte Gewerbe. Oben eine alte Schubkarre, die für Transporte im Moor benutzt wurde.

Wie von einem Bildhauer gestaltete Skulpturen stehen die Torfstapel in der Moorlandschaft. Sehr vereinzelt werden die Torfbrikette auf privatem Grund und Boden noch von Hand gestochen und zum Heizen genutzt.

Voller Gottvertrauen verzierte der Bauer 1785 den Torbalken seines Hauses mit einem Spruch aus dem biblischen Buch der Könige: „Herr, laß deine Augen offen stehen über diß Haus.“ Das Haus Bertelsmann ist ein schöner Zeuge der Bauernhausarchitektur von Worpswede.

Hauß. Nacht und
dar innen
27 Majus, Meister
8

Die sogenannte „Käseglocke“ wurde nach einem Entwurf des berühmten Berliner Architekten Bruno Taut an der Lindenallee in Worpswede gebaut. Heute dient das Gebäude als Museum und als Veranstaltungsort. Oben die Außenansicht.

Schützenfeste sind große Ereignisse in Worpswede. Der Schützenkönig (hier neben der Fahne, Zweiter von rechts) darf sich mit einer dicken Kette schmücken. Die Brust ist dekoriert mit Sternen, Plaketten, Wappen und einer roten Rose (oben).

Nicht viele hundert Jahre alt ist diese Eiche, aber gut gewachsen ragt sie in den Himmel, der über Worpswede so herrlich weit ist wie überall im Norddeutschen Tiefland. Die Kühe mögen das sowieso, denn hier müssen sie nicht an steilen Hängen balancieren, um an ihr Futter zu kommen. In der Landschaft herrscht Gelassenheit – eine Eigenschaft, die auch ihre Bewohner auszeichnet.

CHRONIK

zusammengestellt
von Fritz Westphal (†1999) und
Helmut Stelljes

1884
Fritz Mackensen (1866 – 1953) ist während seiner Semesterferien Gast der Familie Stolte in Worpswede. Auf dem Missionsfest im benachbarten Schlußdorf macht er Studien für sein geplantes großes Bild „Gottesdienst im Moor". In den Sommermonaten 1886 und 1887 kehrt er erneut an den Weyerberg zurück.

1889
Fritz Mackensen und seine Freunde Otto Modersohn (1865 – 1943) und Hans am Ende (1864 – 1918) zeichnen und malen gemeinsam in Worpswede. Sie beschließen, auch den Winter über im Teufelsmoor zu bleiben. Hans am Ende wird zur Familie nach Berlin gerufen (Tod des Bruders) und kehrt erst 1895 für immer nach Worpswede zurück. 1893 kommt Fritz Overbeck (1869 – 1909), Heinrich Vogeler (1872 – 1942) folgt 1894. Lockerer Anschluß besteht auch zu Carl Vinnen (1863 – 1922), der aber im Bremer Umland bleibt.

1895
Gemeinsame Ausstellung in der Bremer Kunsthalle. Anerkennung finden nur Mackensens Missionsbild und die großformatigen Radierungen Hans am Endes; insgesamt vernichtende Kritik. Trotzdem ordert der Präsident der Münchener Künstlergenossenschaft, Eugen v. Stieler, dieselbe Ausstellung für den Glaspalast. Sie wird gefeiert als „eines der großen Ereignisse in der deutschen Kunst". Fritz Mackensen erhält eine Goldmedaille für sein Bild „Gottesdienst im Moor". Modersohns „Sturm im Moor" wird für die Münchener Pinakothek angekauft. Am Ende richtet in Worpswede eine Druckwerkstatt ein, unterweist Overbeck und Vogeler in dieser Technik und gründet mit ihnen zusammen den „Verein für Originalradierungen vom Weyerberg". Im folgenden Jahr erscheint ihre erste Bildmappe mit dem Titel „Vom Weyerberge".

1896
Die Bildmappe wird ein großer Erfolg, den aber die zweite Ausgabe „Aus Worpswede" (1897) nicht mehr erreicht. Keine weiteren Veröffentlichungen.
Zahlreiche erfolgreiche Ausstellungen der Maler. Der Durchbruch ist seit München gelungen.

1897
Im August Gründung der „Künstlervereinigung Worpswede", der sich auch Carl Vinnen anschließt.
Es heiraten: Hans am Ende und Magda Willatzen, Otto Modersohn und Helene Schröder sowie Fritz Overbeck und Hermine Rohte. Mackensen errichtet die Villa „Haus Susenbarg" am Hang des Weyerbergs; Vogeler baut ein altes, schon vor 1895 erworbenes Bauernhaus zu seinem „Barkenhoff" aus; die am Endes werden seine Nachbarn.

1898
Rainer Maria Rilke (1875 – 1926) ist zum ersten Mal Gast auf Vogelers „Barkenhoff". Zahlreiche Ausstellungen der Worpsweder Künstler in verschiedenen deutschen Städten und auch in Wien.
Marie Bock (1867 – 1956), Paula Becker (1876 – 1907), Clara Westhoff (1878 – 1954) und die erst sechzehnjährige Ottilie Reylaender (1882 – 1965) sind Schülerinnen von Mackensen. Emmy Meyer (1866 – 1940), Sophie Wencke (1874 – 1963) und die Porzellanmalerin Clara Wencke (1879 – 1969) sind Modersohns Schülerinnen.

1899
Paula Becker und Marie Bock stellen gemeinsam in Bremen aus. Paula erhält bei der Presse ein sehr kritisches Echo. Nach Modersohns Austritt löst sich die „Künstlervereinigung Worpswede" auf. Ungetrübte Freundschaft besteht weiter zwischen Mackensen und am Ende, Modersohn, Overbeck und Vogeler.

1900
Vogelers „Barkenhoff" entwickelt sich zum kulturellen Mittelpunkt des Künstlerdorfes. Im „Weißen Saal" und auf der Terrasse finden abends Lesungen und Konzerte statt. Unter den Barkenhoff-Gästen sind auch Carl Hauptmann und der Geiger Georg Kuhlenkampff. Vogeler, befreundet mit den Herausgebern der neuen Kunstzeitschrift „Die Insel", A. W. Heymel, R. A. Schröder, O. J. Bierbaum, wird mit der buchkünstlerischen Gestaltung einer Ausgabe beauftragt. Hinzu kommen weitere Buchillustrationen und Buchschmuck für verschiedene deutsche Verlage.
Tod von Modersohns Frau Helene.
Paula Becker kehrt nach einem halbjährigen Aufenthalt in Paris nach Worpswede zurück.

1901
Eheschließungen von Rainer Maria Rilke und Clara Westhoff, Heinrich Vogeler und Martha Schröder sowie von Otto Modersohn und Paula Becker.

1902
Walter Bertelsmann (1877 – 1962) ist bis 1904 Schüler von Hans am Ende; er verbringt sein ganzes Leben im Künstlerdorf.

1903
Rilkes „Worpswede“-Monographie erscheint. Der Dichter verläßt Worpswede und geht nach Paris. 1905 wird er Sekretär von Auguste Rodin.
Gründung des „Verkehrs- und Verschönerungsvereins“. Primäres Ziel: Erhaltung des dörflichen Charakters. Vogeler, Mitbegründer und bald Erster Vorsitzender: „Worpswede droht zur Villenkolonie zu werden.“
Vogeler erhält den Auftrag zur Ausgestaltung der Güldenkammer im Bremer Rathaus (Fertigstellung 1905).
1905
Fritz Overbeck verläßt Worpswede, zieht mit seiner Familie nach Bröcken bei Vegesack.
1906
Paula Modersohn-Beckers vierte Parisreise. Sie will sich von Modersohn trennen und schreibt einen Abschiedsbrief. Macht Bekanntschaft mit Bernhard Hoetger (1874 – 1949). Modersohn besucht sie im Spätherbst und kehrt mit ihr im Februar 1907 nach Worpswede zurück.
1907
18 Tage nach der Geburt ihrer Tochter Mathilde (2. November) stirbt Paula Modersohn-Becker.
Georg Tappert (1880 –1957), Maler und Fotograf, gründet in Worpswede eine private Kunstschule, die er aber bereits 1910 wieder aufgibt.
Fritz Mackensen heiratet seine Schülerin Herta Stahlschmidt.
1908
Heinrich und sein Bruder Franz Vogeler gründen die „Worpsweder Werkstätte“. Sie bauen Möbel nach eigenen Entwürfen.
Otto Modersohn zieht nach Fischerhude.
1909
Fritz Overbeck stirbt an Herzschlag. Gedächtnisausstellung für den hochgeehrten und mit Goldmedaillen ausgezeichneten Maler und Radierer.
Modersohn heiratet in Fischerhude Louise Breling.
Der Maler Wilhelm Bartsch (1871 – 1953) zieht ins Künstlerdorf.
1910
Udo Peters (1884 – 1964), Karl Krummacher (1867 – 1955) und Georg Tappert, alle drei bereits einige Jahre in Worpswede, gründen die Künstlervereinigung „Die Biene“.
Fritz Mackensen wird nach zweijähriger Lehrtätigkeit Direktor der Kunstschule in Weimar.
Der Worpsweder Bahnhof, von Vogeler entworfen und ausgestaltet, wird Ende 1910 eingeweiht und im folgenden Jahr in Betrieb genommen.
Die Schriftstellerin Eugenie von Garvens (1881 – 1964) zieht nach Worpswede.
1911
Carl Emil Uphoff (1885 – 1971) Maler, Grafiker, Schriftsteller und Gartenarchitekt, zieht in das Künstlerdorf.
1913
Uphoff heiratet Luise Dorothee Damköhler, die Mutter erwirbt für die Kinder den „Brünjeshof“.
Erste entscheidende Ausstellung von Bildern Paula Modersohn-Beckers in Hagen.
Martin Paul Müller (1874 – 1936), Grafiker und Maler, kommt nach Worpswede.
1914
Beginn des Ersten Weltkrieges. Heinrich Vogeler meldet sich als Kriegsfreiwilliger. Auch Hans am Ende wird eingezogen. Fritz Mackensen wird vorerst zurückgestellt.
1915
Martha Vogeler läßt eine Bildweberin als Lehrmeisterin auf den „Barkenhoff“ kommen.
Bernhard Hoetger, Bildhauer, Maler und Architekt, baut in Worpswede ein Bauernhaus zum „Brunnenhof“ aus. Er verläßt das Dorf erst 1933.
1916
Hoetger plant mit Fritz Mackensen den Bau des „Niedersachsensteins“ auf dem Weyerberg. Er macht Bekanntschaft mit dem hannoverschen Keksfabrikanten Hermann Bahlsen.
1917
Hoetgers Grabmal für Paula Modersohn-Becker wird auf dem Worpsweder Friedhof aufgestellt.
1918
Unteroffizier Vogeler schreibt einen Brief an den Kaiser („Märchen vom lieben Gott“) und wird vorübergehend in eine Nervenheilanstalt eingewiesen.
Hans am Ende stirbt nach schwerer Verwundung in einem Stettiner Lazarett.
Hoetger lernt den Großkaufmann und Kunstmäzen Dr. h. c. Ludwig Roselius, Bremen, kennen. Roselius wird sein wichtigster Förderer und Auftraggeber.
1919
Vogeler wandelt seinen „Barkenhoff“ zunächst in eine „Siedlungsgemeinschaft“, dann in eine „Arbeitsschule“ um. Der Maler, Radierer und Schriftsteller Karl Jakob Hirsch (1892 – 1952), seit 1908 mit Unterbrechungen in Worpswede, schmückt das Musikzimmer mit expressionistischen Fresken.
Weitere Künstler kommen nach Worpswede: Friedrich Wolf (1895 – 1953), Schriftsteller; Hans Saebens (1895 – 1969), Grafiker und Fotograf; Albert Schiestl-Arding (1883 – 1937), Maler; Sophie Bötjer (1887 – 1966), Malerin und Schülerin von Schiestl-Arding; Alfred Kollmar (1886 – 1937), Maler, Schüler von Fritz Mackensen in Weimar; Walter Müller (1901 – 1975), Maler und Architekt, früher Schüler von Vogeler, später verheiratet mit dessen Tochter Bettina; Lisel Oppel (1897 – 1960), Malerin; Tetjus Tügel (1892 – 1973), Maler und Schriftsteller.
1920
Martha Vogeler (1879 – 1961) verläßt mit ihren Kindern den „Barkenhoff“ und bezieht ein im Schluh aufgestelltes altes Bauernhaus. Sie nimmt Teile der Einrichtung aus dem „Barkenhoff“ mit und richtet eine Handweberei ein.
Die Maler Carl Emil und Fritz Uphoff (1890 – 1966) sowie die Schriftsteller Ludwig Tügel und Walter von Hollander (1892 – 1973) gründen die „Werkgemeinschaft Worpswede“. Sie stellen kostbare Buchausgaben in der „Stechkunst“ her. (1924: Auflösung der Gemeinschaft)
Leberecht Migge (1881 – 1935), Gartenarchitekt, entwickelt und erprobt in seinem „Sonnenhof“ sein Selbstversorgungskonzept.
1921
Hoetger gibt seinen „Brunnenhof“ auf und baut sein zweites Wohnhaus am Südhang des Weyerbergs.
1922
Carl Vinnen begeht Selbstmord.
Willy Dammasch (1887 – 1983), befreundet mit Alfred Kollmar (1886 – 1937) und Bram van Velde (1895 – 1965), kommt ins Künstlerdorf.
Einweihung des „Niedersachsensteins“
1923
Die „Rote Hilfe“ übernimmt den „Barkenhoff“ als Heim für Kinder von politisch Verfolgten und Gefangenen.
Vogelers erste Rußlandreise mit Sonja Marchlewska.
Bernhard Hoetger gründet die „Worpsweder Kunsthütten“. Sein ehemaliges Wohnhaus, der „Brunnenhof“, brennt ab.

1924
Walter Hundt (1897 – 1975) und seine Frau Marie („Rote Marie"), frühere Barkenhoff-Mitarbeiter Vogelers, übernehmen die Neusiedlerstelle in Ohlenstedt (zunächst „Ableger" des „Barkenhoffs", später nach anthroposophischen Prinzipien geführt).
1925
Hoetgers „Kaffee Worpswede" ist fertiggestellt. Bau und Eröffnung der „Großen Kunstschau" 1927.
Gründung der „Wirtschaftlichen Vereinigung Worpsweder Künstler".
Erster Vorsitzender wird Carl Emil Uphoff (bis 1929).
Heinz Dodenhoff (1889 – 1975), Maler und Lyriker, kommt nach Worpswede.
1926
Heinrich und Martha Vogeler lassen sich scheiden. Heinrich heiratet Sonja Marchlewska (1898 – 1983); sie ziehen nach Berlin.
1928
In der Worpsweder Bergstraße baut Hoetger das „Philine-Vogeler-Haus" – ursprünglich für Handweberei geplant, dann als Galerie-Gebäude genutzt. Es wird von Philine Vogeler, der Witwe des im Krieg gefallenen Franz Vogeler, im Auftrag von Ludwig Roselius geleitet. Manfred Hausmann (1898 – 1986), Schriftsteller, zieht nach Worpswede und baut 1928 sein Wohnhaus am Schmidtberg.
Gustav Regler (1898 – 1963), Schriftsteller, heiratet Vogelers Tochter Mieke (Marieluise). Sie emigrieren 1933 nach Mexiko, Regler kehrt erst 1947 besuchsweise zurück.
Wilhelm Scharrelmann (1875 – 1950), Schriftsteller, übersiedelt von Bremen nach Worpswede, nachdem er den „Tannenhof" an der Lindenallee erworben hat.
1929
Otto Gothe (1892 – 1941), Bildhauer und Schriftsteller; Gustav Schenk (1905 – 1969), Schriftsteller; Bernhard Huys (1896 – 1975), Maler; Alfred Lichtenford (1902 – 1981), Maler; und seine Frau Eva (1904 – 1975), Textilgestalterin; kommen nach Worpswede.
1931
Nach dem „Paula-Modersohn-Becker-Haus" (1927) baut Hoetger im Auftrag von Ludwig Roselius das „Haus Atlantis" in Bremens Böttcherstraße.
Vogeler zieht nach Moskau.
1932
Das Kinderheim „Barkenhoff" wird von der „Roten Hilfe" aufgegeben und 1933 von dem in Worpswede ansässigen Gartenarchitekten Max Karl Schwarz übernommen.
1933
Carl Emil Uphoff wird für Worpswede zum Vertreter der Reichskulturkammer bestellt. Dem Auftrag, die Galerien von „Entarteter Kunst" zu säubern, entzieht er sich geschickt.
Mackensen gründet den „Kampfbund für deutsche Kultur, Ortsgruppe Worpswede".
1934
Eröffnung der „Nordischen Kunsthochschule" in Bremen; Mackensen wird für kurze Zeit ihr Direktor.
Waldemar Augustiny (1897 – 1979) ist als Lektor in Bremen tätig und läßt sich als freier Schriftsteller in Worpswede nieder.
1935
Das „Paula-Modersohn-Becker-Haus" in der Bremer Böttcherstraße wird geschlossen.
Görge Spervogel (Pseudonym für Erich Schargorodsky, 1910 – 1942) und Theodor Heinz Köhler (1910 – 1944), Schriftsteller, kommen durch Manfred Hausmann nach Worpswede und werden von Scharrelmann gefördert.
1937
Eine von 27 bekannten Worpsweder Künstlern unterzeichnete Bittschrift Wilhelm Scharrelmanns bewirkt, daß der Geschäftsführer der „Großen Kunstschau", Martin Goldyga, seines Postens „wegen seiner politischen Gesinnung" nicht enthoben wird. Goldyga scheut sich nicht, auch Werke solcher Maler auszustellen, die „unerwünscht" sind oder sogar Berufsverbot erhalten.
Paula Modersohn-Beckers Bild „Mutter und Kind" wird in der die Moderne diffamierenden Ausstellung „Entartete Kunst" in München gezeigt.
Ellida Schargorodsky von Alten (1911 – 1982), Malerin und Schriftstellerin, zuerst verheiratet mit Görge Spervogel, später Ehefrau von Richard Oelze, lebt und arbeitet in Worpswede.
Tod von Schiestl-Arding und Kollmar.
1938
Auf der Ausstellung zum „Niederdeutschen Malertag" in der Gaukulturwoche Ost-Hannover darf laut offiziellem Katalog im Philine-Vogeler-Haus auch „ein Gemälde" (ohne Titel) von Paula Modersohn-Becker gezeigt werden, obwohl sie zu den „Entarteten" zählt.
1939
Richard Oelze (1900 – 1980) lebt zurückgezogen in Worpswede. Seine große Bedeutung als surrealistischer Maler wird erst spät gewürdigt.
Paul Ernst Wilke (1894 – 1971), Maler, kommt nach Worpswede und bleibt dort die meiste Zeit.
Die expressionistischen Wandbilder im „Barkenhoff" werden bis auf einen kleinen Rest zerstört.
1941
Mackensen, 75jährig, wird auf eigenen Wunsch zum Wehrdienst eingezogen und als Wehrmachtsmaler an der französischen Küste eingesetzt. Vogeler wird von Moskau aus nach Kasachstan evakuiert.
Manfred Hausmann veröffentlicht „Geheimnis einer Landschaft – Worpswede".
Walter Niemann (1915 – 1987), Maler und Professor an der Hochschule für Gestaltung in Bremen, zieht mit seiner Frau Charlotte (geb. 1915), Komponistin und Regisseurin, nach Worpswede.
1942
Heinrich Vogeler stirbt am 14. Juni in Kasachstan. Kurz vor seinem Tod beendet er sein Buch „Erinnerungen"
1943
Otto Modersohn stirbt in Rotenburg/Wümme, wird in Fischerhude beigesetzt.
Ludwig Roselius stirbt in Badenweiler.
1945
Neue Künstler kommen nach Worpswede: Martin Kausche (geb. 1915), Maler und Buchgrafiker, und seine Frau Eva Kausche-Kongsbak (geb. 1918), Malerin und Grafikerin; Hedwig Rohde, Schriftstellerin; Otto Meier (1903 – 1996) – Schüler von Willi Ohler (1888 – 1975) – und seine Frau Gisela (1929 – 1995), Weberin, Schülerin von Bettina Vogeler; Werner Rohde (1906 – 1990), Maler, Glasmaler, Fotograf.
1946
Erste Nachkriegsausstellung im Philine-Vogeler-Haus.
Bernhard Kaufmann (1896 – 1980) erwirbt ein Grundstück und erbaut das „Haus am Weyerberg". Er richtet eine Galerie ein für seine eigene Sammlung „Alter Worpsweder Meister" und gründet einen Verlag für Kunstpostkarten.
Rudolf Dodenhoff (1917 – 1992) eröffnet in Worpswede ein eigenes Foto-Atelier.
1949
Bernhard Hoetger stirbt in der Schweiz.
Anläßlich des 60jährigen Bestehens der „Künstlerkolonie Worpswede" wird die „Vereinigung Worpsweder Künstler und Kunstfreunde" gegründet. Wilhelm Scharrelmann wird erster, Martin Kausche zweiter Vorsitzender. Die Vereinigung veranstaltet Ausstellungen, Aktionen zur Erhaltung des Dorfes und der Landschaft und unter-

nimmt Reisen (u. a. zur Weltausstellung in Brüssel, zur Chagall-Ausstellung und Grabbe-Aufführung in Hamburg).
Nach Wilhelm Scharrelmanns Tod 1950 übernimmt Martin Kausche die Leitung der Vereinigung.

1950

Hans Georg Müller (geb 1924), Sohn von Walter Müller und seiner Frau Bettina Müller-Vogeler, macht sich als Möbel- und Intarsien-Designer im Schluh selbständig.
Manfred Hausmann (1898 – 1986) zieht nach Rönnebek an der Unterweser.

1951

Richard Oelze (1900 – 1980) heiratet Hedwig Rohde.

1952

Tod Philine Vogelers.

1953

Fritz Mackensen stirbt – als letzter der ersten Künstlergeneration.

1954

Gustav Schenk verläßt das Künstlerdorf.

1955

Henry Garde (geb. 1923), Maler und Grafiker; Dieter Wallert (geb. 1935), Maler; Rudolf Kortokraks (geb. 1928), Maler, und Helmut Heinken (1920 – 1968), Maler und Grafiker, schließen sich zur „Jungen Gruppe Worpswede" zusammen.

1956

Bettina Müller-Vogeler (1903 – 2001) führt die von ihrer Mutter gegründete Handweberei im zweiten, von Martha Vogeler 1936 errichteten Bauernhaus im Schluh weiter. Nach Entwürfen von Walter Müller u. a. entstehen hier große Bildteppiche.
Heide Weichberger (1922 – 1980) wird bekannt durch große Keramik-Arbeiten nach eigenen Entwürfen.
Friederike Michelsen (geb. 1923), Grafikerin und Malerin, arbeitet in Worpswede.
Der 1903 von Heinrich Vogeler mitgegründete „Verkehrs- und Verschönerungsverein" wurde 1949 offiziell aufgelöst. Unter dem Namen „Verein der Freunde Worpswedes e.V." entsteht die damalige Organisation zur Erhaltung des dörflichen Charakters und zur Pflege der Landschaft neu. Unmittelbarer Anlaß ist die starke Gefährdung des Weyerbergs durch fortlaufende Sandentnahmen. Bremen hilft Worpswede mit erheblichen Beiträgen aus dem Erlös einer Tombola. Das führt zur Gründung der „Stiftung Worpswede" (1957), die gefährdete Flurstücke auf dem Berg ankauft und damit weitere Sandentnahmen verhindert.
1958 retten die „Freunde Worpswedes" die alte Mühle vor dem Abbruch: Alarmierung der Öffentlichkeit und der Behörden; der Verkauf von gespendeten Grafiken Worpsweder Künstler erbringt erhebliche finanzielle Mittel.
1965 erreichen die „Freunde", daß das Gebiet zwischen Beeke und Hamme zum Naturschutzgebiet „Breites Wasser" erklärt wird.
Die Aktion „Keine Bomben aufs Teufelsmoor" fällt in das Jahr 1971: Das Verteidigungsministerium muß das Vorhaben aufgeben, das Breddorfer Gebiet zum Bombenabwurfgebiet zu machen.
Der Plan der Regierung, in den Hammewiesen zwischen Osterholz-Scharmbeck und Worpswede einen Stausee mit Erholungsgebiet anzulegen, scheitert 1973 im wesentlichen am Widerstand der „Freunde Worpswedes".

1960

Tod Lisel Oppels.

1961

Martha Vogeler stirbt.
Friedrich Meckseper (geb.1936) und Uwe Häßler (geb. 1938), beide Maler und Grafiker, ziehen nach Worpswede. Die „Worpsweder Kunsthalle Friedrich Netzel" eröffnet nach abgeschlossenen Erweiterungsbauten (Oberlichtsaal) mit einer Bestandsaufnahme der Worpsweder Nachkriegskunst, „Worpswede 61". Diese Galerie ist die älteste im Ort.
Bereits der Großvater Friedrich Netzel richtete in seiner 1879 eröffneten Buchhandlung, mit Buchbinderwerkstatt und einer Verkaufsecke für Malutensilien, drei kleine Ateliers ein und nahm Maler in Pension. Sein Sohn Friedrich benutzte seit 1918 einen der Räume im alten Haus der Firma an der Findorffstraße für Ausstellungen. 1925 zog er mit seiner Frau Marie in das neu erbaute Galeriegebäude an der Bergstraße. Nach seinem Tod führte seine Frau die Galerie allein weiter, bis 1956 ihr Sohn Friedrich in die Geschäftsführung eintrat und für Modernisierung sorgte. Neben ständiger Präsentation von Werken der alten Worpsweder in erster und zweiter Generation fanden hier laufend Sonderausstellungen statt. Gesonderte Förderung erfuhren auch junge Worpsweder Künstler.

1963

Richard Oelze und Ellida von Alten siedeln über nach Gut Posteholz.

1964

Eugenie von Garvens stirbt.
In Hannover findet die erste große Ausstellung der Werke Richard Oelzes statt. Initiator ist der Kunsthistoriker Wieland Schmied, einer der besten Kenner des Künstlers und zu der Zeit Leiter der Kestner-Gesellschaft in Hannover.

1965

Pit Morell (geb. 1939) läßt sich in Worpswede nieder.
Ottilie Reylaender und Udo Peters sterben.

1969

Der 1965 gegründete „Atelierhaus-Verein" (Leitung: Martin Kausche) richtet in der Findorffstraße eine Werkstatt für Radierung und Lithographie ein.
Die Maler Diedee Pieper (1948 – 2001), Matthias Regenmacher (geb. 1943) und Jens Petersen (geb. 1938) arbeiten in Worpswede.

1971

Das erste der beiden geplanten „Atelierhäuser" an den Pferdeweiden ist fertiggestellt und wird von ausgewählten Stipendiaten bezogen, die in der Regel ein halbes Jahr hier arbeiten. In der Folge sind Künstler aus der ganzen Welt zu Gast, sie bekommen auch die Möglichkeit zu Ausstellungen oder Lesungen. 1978 wird das zweite Haus bezugsfertig, so daß nun sechs voll eingerichtete Wohnungen für Künstler – Maler, Schriftsteller, Musiker – zur Verfügung stehen.

1973

Es sterben Tetjus Tügel und Walter von Hollander.

1974

Christian Modersohn eröffnet das „Otto-Modersohn-Museum" an der Bredenau in Fischerhude und plant dessen Erweiterung durch einen Fachwerkanbau.

1975

Bernhard Huys stirbt.
Fritz Dressler (geb. 1937), Foto-Designer, wird als Professor an die Hochschule für Gestaltung in Bremen berufen; lebt in Worpswede.

1976

Waldemar Otto (geb. 1929), Bildhauer und Professor in Bremen, wird nach vorhergegangenem Aufenthalt im „Atelierhaus" am Südhang des Weyerbergs ansässig.
Horst Wöbbeking (geb.1938), Fotograf, Schüler und Mitarbeiter von Hans Saebens, übernimmt dessen Atelier an der Lindenallee; gründet eigenen Verlag.

1977

Frauke Migge (geb. 1944) bleibt nach Aufenthalt im „Atelierhaus" in Worpswede, sehr erfolgreich als Malerin wie als Grafikerin.

1978 – 1981

Worpswedes alte Molkerei wird zum Kunstzentrum des Dorfes ausgebaut (Ausstellungsräume, Ateliers für Kunst und Kunstgewerbe, Wohnungen und Gaststätten).

Künstler, die nach Worpswede kommen: Thomas Hermsdorf (geb. 1948), Maler und Radierer; Erwin P. Heckmann (geb. 1944), Bildhauer, Grafiker; Renate Rhein (geb. 1925), Keramikerin; Harm Hermann Hoffmann (geb. 1939), Maler und Grafiker; Johannes Schenk (geb. 1941), Lyriker und Schriftsteller; Tobias Weichberger (1951 – 1998), Maler; Renate Persuhn (geb. 1938), Malerin; Joan Lazeanu (geb. 1940), Maler; Peter-Jörg Splettstößer (geb. 1938), Maler, Objektmacher.

1980

Tod von Richard Oelze, Agnes Sander-Plump und Heide Weichberger.
Der Worpsweder Bahnhof wird durch die „Freunde Worpswedes" restauriert.

1981

Vogelers „Barkenhoff" wird zu einer Stiftung umgewandelt. Ihre Aufgabe ist es, die Gesamtanlage und die Gebäude wiederherzustellen und für eine zeitgerechte Nutzung brauchbar zu machen. Ziel ist es nicht nur, den künstlerischen Nachlaß Vogelers zu versammeln und der Öffentlichkeit zugänglich zu machen, sondern auch Gegenwartskünstlern, resp. Wissenschaftlern, auf begrenzte Zeit Arbeits- und Wohnräume zur Verfügung zu stellen und im Hause Ausstellungen zu veranstalten. Die ersten Stipendiaten ziehen in die renovierten Nebengebäude auf der Hofanlage ein.
Der Landkreis Osterholz übernimmt die „Große Kunstschau" und richtet darin zusätzlich eine Graphothek ein.

1989

Zum 100jährigen Bestehen des Künstlerdorfes im Teufelsmoor wird im Sommer das Gesamtwerk von Heinrich Vogeler gezeigt. Es ist die erste Wiedervereinigung der Nachlässe aus Ost und West. Tobias Weichberger (1951 – 1998), Maler, Zeichner, Grafiker, erhält den „Förderpreis Kultur 1989".
Martina Werner (geb. 1929), Malerin, Grafikerin, Schriftstellerin, gestaltet das raumgreifende Land-Art-Projekt „Der lange Weg. Das weite Land".
Heinz Dodenhoff (1889 – 1981), Maler, Lyriker – Ausstellung zum 100. Geburtstag in der Galerie Girschner.
Auslobung des „Bernhard-Kaufmann-Kunstpreises" „100 Jahre Worpswede aus der Sicht bildender Künstler der Gegenwart" mit einer Ausstellung in der Galerie Bollhagen.
„Kunstwerkstatt Worpswede 1889 – 1989", Jubiläum in der Großen Kunstschau, dem Ludwig-Roselius-Museum und der Graphothek.
Eröffnung der kommunalen „Galerie Altes Rathaus" für zeitgenössische Kunst. Ausstellung ehemaliger Atelierhaus-Stipendiaten (Monika Breustedt, Bryan Ingham, Joan Lazeanu, Frauke Migge, Jens Petersen, Waldemar Otto, Ivanka Svobodová, Tobias Weichberger): „Wir kamen – und blieben".
Gründung des im Rathaus sich jährlich wiederholenden beliebten Marktes für Worpsweder Kunsthandwerker.

1990

100. Geburtstag von Fritz Uphoff (1890 – 1960), Maler, Grafiker, und Lore Uphoff-Schill (1890 – 1968), Malerin, Zeichnerin.
Werner Rohde (geb. 1906), Maler, Glasmaler, Fotograf, stirbt.

1991

„Studiengalerie Busse" zeigt „Deutsche Kunst 1960 – 1991, Zero-Gruppe und Deutsches Informel".

1992

Das für die Entwicklung des Künstlerdorfes bedeutungsvolle „Haus Stolte" feiert 175jähriges Geschäftsjubiläum.
Gedenkveranstaltungen für den verdienstvollen „Förderer der Moorkolonien", den „Königlichen Moor-Commissar" Jürgen Christian Findorff, der vor 200 Jahren starb.
Gedenkveranstaltungen zum 100. Geburtstag:
– Karl Jakob Hirsch (1892 – 1952), Maler, Grafiker, Bühnenbildner, Schriftsteller.
– Tetjus Tügel (1892 – 1973), Maler, Zeichner, Schriftsteller.
– Ernst Licht (1892 – 1965), Komponist.
Norbert Schwarzer (geb. 1954), Maler, Goldschmied, erhält den Kulturpreis der Volksbank Osterholz.
Gründung des „Vereins zur Kunst- und Kulturförderung".
Prof. Bruno Fischer-Uwe (geb. 1915), Maler, stirbt.

1993

Ausstellung zum 90. Geburtstag der Hand- und Bildweberin Bettina Müller-Vogeler (1903 – 2001).
„Mascha" Schnaars-Vogeler (jüngste Tochter Heinrich Vogelers) stirbt kurz vor ihrem 88. Geburtstag.
Ursula Barwitzki (geb. 1949), Malerin, erhält den „Förderpreis Kultur 1993".
Bund Bildender Künstler (BBK) veranstaltet ein multi-mediales Licht- und Klangerlebnis „Krieg im Frieden" im Zusammenhang mit dem expressionistischen „Niedersachsenstein".
„Euroart" – Worpsweder Gegenwartskünstler in Barbizon.

1994

Verein „Music Hall Worpswede e.V." wird gegründet.
Das „Forum für zeitgenössische Kunst Worpswede" wird im Ludwig-Roselius-Museum eröffnet.
„foto-forum-nord", Worpsweder Lichtbildgalerie zeigt Arbeiten von Robert Häussler.
Ausstellungen ausgewählter Werke von Richard Oelze und Karl Jakob Hirsch im Barkenhoff.
Gedenkausstellung zum 100. Geburtstag von Paul Ernst Wilke in Worpswede und Bremerhaven.
„Die Sprache des Metalls", internationales Schmuckschaffen von Mitgliedern der Gesellschaft für Goldschmiedekunst im „Kunst-Treff Worpswede", Galerie Kreutziger.
Ausstellung: „Bilder aus der Eremitage St. Petersburg und der Großen Kunstschau Worpswede".
Friedrich Netzel stirbt
„Paula Becker-Modersohn-Haus" in der Bremer Böttcherstraße neu eröffnet.

1995

Zahlreiche Veranstaltungen zum Jubiläum „100 Jahre nach Glaspalast" (die Worpsweder Maler 1895 in der Bremer Kunsthalle und im Münchener Glaspalast).
Ausgewählte Beispiele: „Worpsweder Kunsthandwerker – heute" und „Kunst unserer Zeit" in der Galerie Altes Rathaus.
30 Jahre „Atelierhaus Worpswede e.V.". Bis 1995 waren ca. 230 Künstler aus über 25 Nationen Gäste der Atelierhäuser: Maler, Bildhauer, Schriftsteller, Kunsthistoriker, Komponisten, Musiker, Filmemacher, Fotografen.
Ausstellung und Ehrungen zum 80. Geburtstag von Martin Kausche.
Neue Art der Drucktechnik „Romantischer Digitalismus" von Tobias Weichberger.
Festwoche zum Jubiläum „75 Jahre Haus im Schluh".
Gründung der „Fremdenverkehrs-Gesellschaft Worpswede mbH".

1996

Uwe Häßler (geb. 1938), Maler, Grafiker, Bildhauer, kehrt nach Worpswede zurück; Ausstellung in der Galerie Cohrs-Zirus.
Gedenkveranstaltung zum 120. Geburtstag von Paula Modersohn-Becker.
10 Jahre „Worpsweder Malschule", Ausstellung Helga Hentschel-Holterdorf und Erhard Kalina.
Unter dem Titel „Malweiber" präsentieren Irmela Ehrmann, Monika Breustedt und Frauke Migge ihre Arbeiten.

100. Geburtstag von Bernhard Kaufmann (1896 – 1980), Verleger, Kunstsammler („Alte Worpsweder Meister").
Zusammenführung der Künstlerförderstätten „Atelierhaus Worpswede e.V." und der „Barkenhoff-Stiftung". Bis 1996 wurden 133 bildende Künstler als Stipendiaten der „Barkenhoff-Stiftung" gefördert.
Große Kunstschau: Zwei Künstlerkolonien im internationalen Vergleich „Die Künstlerkolonien Latem/Belgien und Worpswede".
Erhard Kalina wird zum 1. Vors. des Worpsweder Künstlerbundes BBK gewählt.
Der „Niedersachsenstein", expressionistisches Denkmal von Bernhard Hoetger, wird restauriert.
Barkenhoff-Ausstellung: Wilhelm Wagenfeld als Grafiker und Designer.
Galerie Helga Hentschel-Holterdorf: „Inspiration Landschaft – Bilder und Fotos".
Music Hall: Blechbläser-Ensemble des Gewandhaus-Orchesters Leipzig, „Musik aus fünf Jahrhunderten".
„Kunsthandwerkermarkt" im Worpsweder Rathaus.
Arbeitskreis Kultur: Klavierkonzert und Lesung (Rilke, Tügel u.a.).

1997

Galerie Altes Rathaus: Beginn der Ausstellungsreihe „dialog ART"
Worpsweder Kunsthalle: Retrospektive des Worpsweder Malers Albert Schiestl-Arding.
Haus im Schluh: Ausstellung Natascha Ungeheuer „Eine Malerin aus Berlin und Worpswede".
Galerie Bernack: Ausstellung des georgischen Malers Mamuka Mikeladze.
Haus im Schluh: Gobelins aus der Werkstatt von Bettina Müller-Vogeler.
Ausstellung zum 10jährigen Bestehen der „Foto-Galerie".
Tage des „Worpsweder Kunsthandwerks".
Eröffnung des „Museums am Modersohn-Haus", Sammlung Bernhard Kaufmann „Die Alten Worpsweder Meister", Gedenkstätte für Paula Modersohn-Becker und Otto Modersohn.
Arbeitskreis Kultur: Vortrag „Bernhard Hoetger und das Dritte Reich".
Gedächtnis-Ausstellung: „Heinrich Vogeler und der Jugendstil" zum 125. Geburtstag.
Französische Druckgrafik in der Galerie Bernack: „Von Corot bis Matisse".

1998

Die Stipendienstätten „Atelierhaus e.V." und „Barkenhoff-Stiftung" werden unter gemeinsamer Leitung als „Künstlerhäuser" zusammengeführt. Seit 1971 waren über 400 Künstler aus fast 40 Ländern Gäste der Stipendienstätten.
Ausstellung: „Andernorts", Einblicke in das Schaffen der Stipendiaten der „Künstlerhäuser".
Worpsweder Kunsthalle: „Henry van de Velde und die Wiener Werkstätten".
Barkenhoff: Bernhard Hoetger und Willy Dammasch 1933 in Portugal/Algarve – Ausstellung über eine Malreise.
Gedenken an den 100. Geburtstag von Gustav Regler (1898 – 1963), Schriftsteller und Journalist.
„Die Wandlung – Heinrich Vogeler nach 1912", eine dokumentierende Ausstellung im Haus im Schluh.
Arbeitskreis Kultur: Vortrag zum 100. Geburtstag des Dichters Manfred Hausmann.
„Tag des offenen Denkmals": Mühle, Torfschiffahrtsmuseum, Zionskirche, Bahnhof, Haus im Schluh u.a.

1999

„Museum am Modersohn-Haus", Erweiterung und Eröffnung der Ausstellungsräume.
Worpsweder Kunsthalle: Retrospektive zum 100. Geburtstag des Worpsweder Malers Karl Arste.
Galerie Bernack: Grafik und Handzeichnungen der Künstlergruppe „Brücke".
Große Kunstschau „Forum für zeitgenössische Kunst": Worpsweder Maler, Zeichner und Grafiker Heinrich Schott: „Metamorphosen der Metamorphosen".
Worpsweder Malerin, Zeichnerin und Grafikerin Helga Hentschel-Holterdorf präsentiert „Pariser Skizzen".
Jahresausstellung der Worpsweder Künstlergruppe BBK.
Fritz Westphal, Worpsweder Autor zahlreicher Bücher und auch Lektor, stirbt im Alter von 78 Jahren.
BBK-Mitglieder eröffnen eigene Galerieräume im Kunstcentrum Alte Molkerei: „Galerie Art 99" für zeitgenössische Worpsweder Kunst.
Gründung der „Kulturstiftung Landkreis Osterholz".

2000

Ausstellungsprojekt „Sehnsucht nach Landschaft" als Expo-Beitrag.
„Verkehrsverein" verläßt die Touristik-Gesellschaft, die Gemeinde übernimmt die Anteile.
Zweite „Worpsweder Kultur- und Museumsnacht" bietet vielfältige Attraktionen.
Ausstellung von elf BBK-Künstlern „Das kleine Format" in der „Galerie Art 99".
„Kunstschule Worpswede PAULA" nimmt in der „Galerie Altes Rathaus" ihre Arbeit auf.
Die Worpsweder Künstlerin Helga Hentschel-Holterdorf stirbt im Alter von 61 Jahren.
Vorstellung der Publikation: „Landschaft, Licht und niederdeutscher Mythos" – Worpsweder Künstler und der Nationalsozialismus (Strohmeyer/Artinger/Krogmann).
Die Malerin und Grafikerin Friederike Michelsen erhält den Kulturpreis der Volksbank Osterholz.
Galerie Bernack präsentiert in der georgischen Hauptstadt Tiflis 17 Worpsweder Gegenwartskünstler, staatliche „Blaue Galerie".
„Forum für zeitgenössische Kunst": Retrospektive des Worpsweder Gegenwartskünstlers Pit Morell.
Galerie Ruländer: Objekte und Bilder von Oliver Zabel.
Schriftsteller und Maler Johannes Schenk: Neue Bilder im Zirkuswagen.
Barkenhoff: Ausstellung über die Ausdruckstänzerin Charlotte Bara.
Monographie „Worpswede" von Rainer Maria Rilke erscheint als Faksimile zum 20. Todestag des Kunstsammlers Bernhard Kaufmann.
50jähriges Bestehen der Kunsttischlerei von Hans Georg Müller, Enkel von Heinrich Vogeler.
Arbeitskreis Kultur: Vortrag zum 100. Geburtstag Richard Oelzes.

2001

Beate Arnold: Neue wissenschaftliche Leiterin in der Barkenhoff-Stiftung.
Große Kunstschau: „Liebliche Landschaft und weiter Himmel", Künstlerkolonien Kronberg und Worpswede.
Hand- und Bildweberin Bettina Müller-Vogeler stirbt im Alter von 97 Jahren.
Veranstaltungen zum 125. Geburtstag von Paula Modersohn-Becker.
Ausstellung zum 90. Geburtstag von Feodor Szerbakow in der Galerie Bernack
Worpsweder „Käseglocke" wird Museum für das Kunsthandwerk.
Maler und Grafiker Pit Morell gibt Einblick in sein Schaffen.
Worpsweder Malerin Natascha Ungeheuer zeigt ihre Werke im Haus im Schluh.
Kinderbuch „Das braune Huhn und seine Eierkinder" von Charlotte Zurek-Schenk erscheint bei „Galerie Girschner".
Worpsweder Kunsthalle: „Rainer Maria Rilke und seine Künstlerfreunde in Worpswede".

Große Kunstschau: „Kinderbilder“ von Picasso und Paula Modersohn-Becker.
Konstituierende Sitzung der lokalen „Agenda 21“ in Worpswede.
Haus im Schluh: Sonderausstellung zum 100. Geburtstag des Malers und Architekten Walter Müller.
Das 150 Jahre alte Worpsweder Traditionslokal „Deutsches Haus“ soll einem Neubau weichen.
Große Kunstschau: „Begegnungen mit Landschaftsräumen“, Bilder aus der Künstlerkolonie Ahrenshoop.
Seit 30 Jahren Künstlerförderung in Worpswede; „Künstlerhäuser“ feiern Jubiläum der Stipendiatenstätten.
Christian Modersohn wird 85 Jahre alt und erhält das Bundesverdienstkreuz 1. Klasse; Galerie Cohrs-Zirus zeigt Aquarelle.
Erste Worpsweder „Open-Air-Galerie“, durchgeführt von der Gewerbevereinigung Worpswede.
Galerie Bernack: Werke des Worpsweder Malers und Bildhauers Uwe Häßler.
12 Worpsweder Gegenwartskünstler des BBK zeigen große Werkschau in Hamburg.
Barkenhoff: „Photographische Augenblicke“ von Georg Tappert.
Galerie Bernack: BBK-Jahresausstellung zum Thema: Dialog mit dem Dichter Rainer Maria Rilke.
Worpsweder Maler Norbert Schwarzer zeigt „Neue Arbeiten“ in der Galerie Altes Rathaus.
Gegenwartskünstler Erhard Kalina eröffnet „Worpsweder Malschule“ im Kunstcentrum Alte Molkerei.
Retrospektive zum 80. Geburtstag des Fotografen Lothar Klimek in der Studiengalerie Busse.
Erster hauptamtlicher Bürgermeister von Worpswede, der Jurist Stefan Schwenke, wird gewählt.
2002
Kulturstiftung Landkreis Osterholz: Ausstellung der Niedersächsischen Sparkassenstiftung für zeitgenössische Kunst.
In der „Galerie Alte Rathaus“ eröffnet Matthias Ruländer ein Forum für zeitgenössische Kunst
Arbeitskreis Kultur: Vortrag zum Thema „Mythos Worpswede“.
Weberin und Malerin Alma Iden-Bayer stirbt im Alter von 87 Jahren.
Studiengalerie Busse: Retrospektive „Entdeckungen“, Arbeiten von Tobias Weichberger, vom Fotorealismus bis zu digitalen Radierungen.
Worpsweder Schriftsteller und Maler Johannes Schenk publiziert „Galionsgesicht“.
Tag der offenen Tür der „Künstlerhäuser“ unter dem Motto „...und jetzt kommst Du“.
Galerie Bernack: Arbeiten des Stuttgarter Künstlerbundes „Neue Meister“ und Werke von zwei Künstlerinnen aus Bosnien.
Vierte „Worpsweder Kunstmeile“ beim Kunstcentrum Alte Molkerei.
Kulturstiftung Landkreis Osterholz: Renovierung des „Kaffee Worpswede“, expressionistisches Baudenkmal von Bernhard Hoetger.
Barkenhoff: „In erster Linie Hausbau... Heinrich Vogeler und die Bremer Reformarchitekten“ (Katalog).
75 Jahre Große Kunstschau, eine Jubiläumsausstellung wird stilecht rekonstruiert;
Video-Dokumentation in der Reihe „Worpsweder Streiflichter“ Fotogalerie Weiser.
Eröffnung der Ausstellung „unhaltbar“ durch Bundeskanzler G. Schröder, Schirmherr des Projektes der „Künstlerhäuser“ in der Galerie Ruländer.
Zur Ausstellung der Keramik-Künstlerin Heide Weichberger (1922 – 1980) erscheint posthum eine Biographie.
Kunstprojekt mit Markus und Ina Landt im Haus im Schluh.
Galerie Bernack: Werke von fünf iranischen Künstlern aus Teheran.
Worpsweder Maler und Bildhauer Uwe Häßler gestaltet den Auftrag „Walschwanzflosse“ für die Vegesacker Weserpromenade.
Kunsthalle: „Worpswede um 1911 – zwischen Moor und Moderne“.
Das „Selbstbildnis mit Schottenkappe“ von Heinrich Vogeler aus dem Jahre 1909 wird aus dem „Museum am Modersohn-Haus“ gestohlen.
Die „Music Hall“ gehört in der Musikszene zu den „Top-Ten“ der deutschen Veranstaltungsorte.
2003
„Galerie Art 99“: Arbeiten von elf Worpsweder Künstlern zum Thema „Gegensätze“.
Kulturstiftung Landkreis Osterholz: Werke zum Thema „Landschaften“.
Große Kunstschau: „Der Hamburgische Künstlerclub von 1897 und die Worpsweder Maler“.
30 Jahre Galerie Cohrs-Zirus, Sonderausstellung.
Haus im Schluh: Gedenken an die Weberin und Malerin Alma Iden-Bayer, Materialbilder, Aquarelle, Ölgemälde.
Galerie Ruländer: Arbeiten von zwölf zeitgenössischen Künstlern.
„Worpsweder Streiflichter“, Video-Zeitdokumentation der Maler Tetjus Tügel und Paul Ernst Wilke sowie des Komponisten Ernst Licht.
„Museum am Modersohn-Haus“: Werke von Worpsweder Künstlern der „Zweiten- bzw. Nachfolge-Generation“.
Galerie Kreutziger „Kunst-Treff“: Maler und Bildhauer aus Polen.
Galerie Bernack: Bilder der Malerinnen Prof. Helga John-Wirde und Frauke Jaenecke-Christians.
„Rilke, Worpswede“, Ausstellung in der Kunsthalle Bremen begleitet und ergänzt durch Veranstaltungen in Bremen Worpswede, Fischerhude.

Bibliographische Information der Deutschen Bibliothek
Die Deutsche Bibliothek verzeichnet diese Publikation in der Deutschen Nationalbibliographie; detaillierte bibliographische Daten sind im Internet über <http://dnb.ddb.de> abrufbar.

ISBN 3-8319-0135-X

S/W-Fotos: Worpsweder Archiv, Worpswede
Karte: Worpsweder Touristik und Kulturmarketing GmbH, Worpswede
Gestaltung: Büro Brückner + Partner, Bremen
Lithographie: ORC Offset Repro im Centrum, Hamburg
Druck: Girzig + Gottschalk, Bremen
Bindearbeiten: Buchbinderei S. R. Büge GmbH, Celle

Anna Brenken
schreibt über bildende Kunst, Theater und Literatur. Im Ellert & Richter Verlag sind ihre Bücher „Schönes Hamburg", „Hamburg Spaziergänge", „Hamburg - Metropole an Alster und Elbe", „Auf Paula Modersohn-Beckers Spuren", „Ida Ehre" und „Schönes Dresden" erschienen.

Fritz Dressler
geb. 1937, studierte Fotografie bei Otto Steinert, anschließend Architektur in Kassel. Seit 1975 ist er Professor an der Hochschule für Künste in Bremen. Zahlreiche Veröffentlichungen. Lebt in Worpswede.

Helmut Stelljes
geb. 1933, studierte Pädagogik, Mathematik, Psychologie und Kunstgeschichte. Promotion zum Dr. phil. Zahlreiche Veröffentlichungen über Worpswede: Künstlerporträts, kulturgeschichtliche Abläufe des Künstlerdorfs. Der künstlerischen Fotografie zugewandt mit Ausstellungen und Bildpublikationen. Lebt seit fast 40 Jahren in Worpswede.

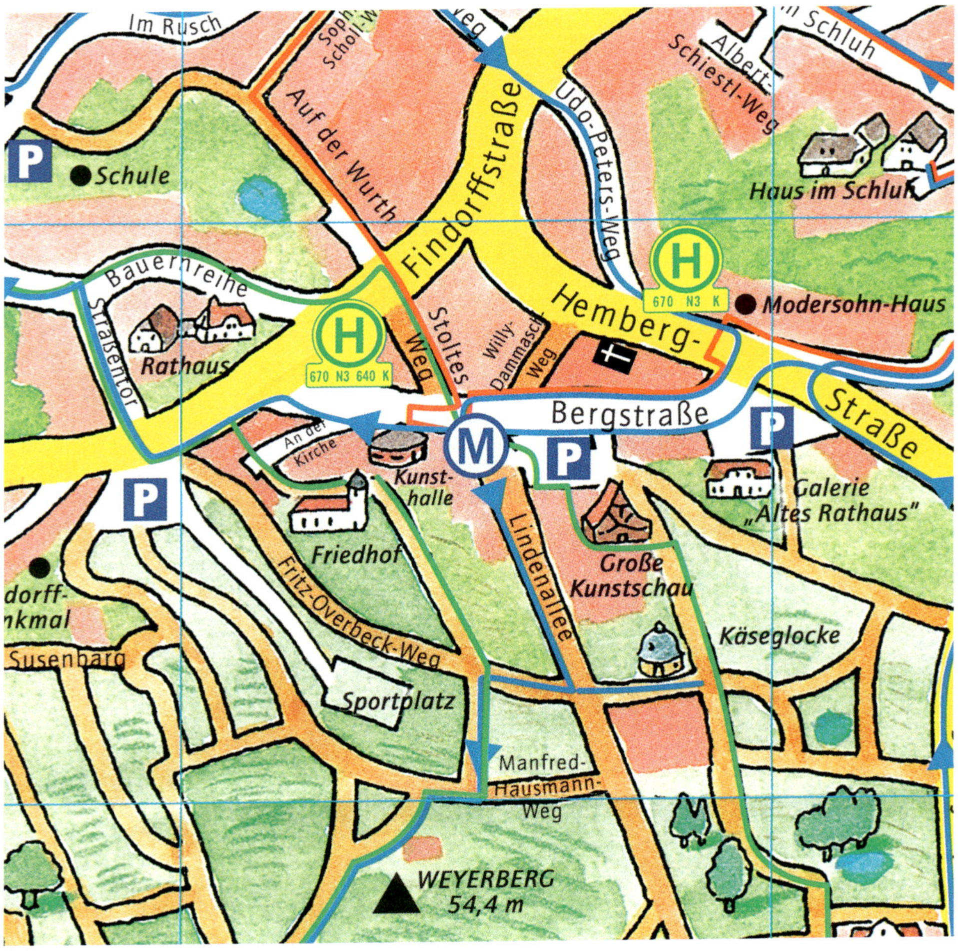